부모 미디어 리터러시

이론과 실천

※ 이 책은 2022년 한국언론진흥재단의 정부광고수수료를 지원받아 출간되었습니다.

부모
미디어
리터러시

이론과 실천

이숙정
김창숙
이창호
김지연
이장주
봉미선
김봉섭
고영삼
이경화
지음

한울
아카데미

차례

서문

미디어 교육에 대한 관심이 최근 높아지고 있다. 국회의원들의 활발한 입법 발의와 더불어 '디지털 기반의 원격교육 활성화 기본법'이 통과돼 각 학교에서 디지털 미디어 문해 교육을 실시하도록 입법화되어있다. 즉, 디지털 미디어에 대한 이해 및 비판 능력을 높이고 디지털 미디어를 통한 사회 참여와 민주적 소통 능력을 향상시키는 것이 법안의 주요 내용이다. 이처럼 학생들의 미디어 리터러시 증진을 위한 제도적 기반은 서서히 마련되고 있다. 하지만 부모를 대상으로 한 미디어 교육은 여전히 부족하고 정보 또한 빈약한 실정이다.

학교, 지역사회, 미디어와 더불어 가정은 청소년의 중요한 사회화 기관이다. 자녀들은 부모를 통해 배우며 경험한다. 부모의 지식, 태도, 가치는 자녀에게 큰 영향을 미친다. 최근 많은 가정에서 자녀의 미디어 이용을 둘러싸고 부모, 자녀 간 갈등이 심화되고 있다. 우리 사회는 부모 세대와 자녀 세대를 비롯하여 모든 사람이 미디어를 활용하기 좋은 매체 환경을 지니고 있다. 이런 환경에서 자란 디지털 원주민인 자녀 세대들은 미디어에 몰입할 수밖에 없다. 하지만 부모 세대는 여전히 예전의 경험과 시각을 바탕으로 자녀의 미디어 이용을 바라본다. 특히 많은 부모들이 미디어가 자녀에게 미치는 부정적 영향에만 신경을 쓰고 있다. 교육열이 높은 한국의 특성상 자녀의 미디어 이용은 아이가 공부할 시간을 뺏기 때문에 부모에게는 늘 걱정거리다. 대체로 부모들은 자녀의 미디어 이용이 시간 낭비라고 생각하는 경향이 있다. 그렇다 보니 미디어를 이용할 시간에 책이라도 한 자더 봐야 한다는 생각을 한다. 결국 부모들은 앱을 통해 자녀의 미디어 이용을 통제하거나 규칙을 정해 자녀의 미디어 이용 시간을 제한하고 있다. 디지털 기기를 다루는 능력에서도 부모와 자녀 세대의 격차가 크게 나타나고 있는 실정이다. 자녀 세대는 디지털 기기를 다루는 능력이 뛰어나지만 부모 세대는 그렇지 못한 것이 현실이다. 이런 상황에서 디지털 생활에 익숙한 자녀들을 어떻게 다루어야 할지 모르는 부모들이 많다.

이 책은 디지털 미디어에 푹 빠진 자녀들을 부모들이 어떻게 지도해야 하는지 구체적 방법을 제시해 준다. 1장 「부모 중재의 다섯 가지 영역」은 부모 중재의 필요성과 부모 중재가 일어나는 다섯 가지 영역(보호, 호혜, 통제, 학습, 참여 영역)을 상세히 다룬다. 2장 「스스로 조절하는 아이들: 영상 미디어 이용 조절 행동을 높이는 미디어 환경 만들기」는 만 4~6세 자녀를 둔 부모 1020명을 대상으로 실시한 설문조사 결과를 바탕으로, 어떤 환경이 아이 스스로 미디어 이용을 조절하는 데 영향을 미치는지를 분석한다. 3장 「자녀의 미디어 이용에 대한 부모의 인식 및 대처」는 부모가 자녀의 미디어 이용에 관해 무엇을 걱정하고 우려스러워하는지 통계자료를 통해 보여 주면서, 자녀의 미디어 과다 이용에 대처하는 부모의 자세와 태도를 구체적으로 제시한다. 4장 「부모 미디어 리터러시 교육의 국내외 사례와 과제」는 부모를 대상으로 한 다양한 미디어 리터러시 교육 사례를 국외(미국, 영국, 핀란드, 호주 등)와 국내(교육부, 한국언론진흥재단, 시청자미디어재단 등)로 나눠 구체적으로 분석한다. 5장 「게임하는 아이와 화내지 않고 소통하는 방법」은 게임을 즐기는 아이들과 어떻게 원만하게 소통하고 게임하는 아이의 행동을 바꾸기 위해서 부모가 무엇을 해야 할지를 구체적으로 제시한다. 6장 「미디어로 우리 아이 당당한 디지털 시민으로 키우기」는 무엇이 진실이고 무엇이 허위 조작 정보인지 판별할 줄 아는 아이, 미디어를 통해 올바로 메시지를 주고받을 줄 아는 아이, 미디어라는 창을 통해 세상을 바로 볼 줄 아는 아이로 키우기 위해 부모가 무엇을 해야 할지를 다룬다. 7장 「건강한 디지털 활용을 위한 디지털 페어런팅」은 디지털 시대의 부모 전략으로 통제와 더불어 디지털 이용 규칙 마련, 효율적인 의사소통, 부모의 디지털 역량 강화 그리고 목적 지향적인 디지털 기기 이용 습관 함양의 필요성을 제시한다. 8장 「스마트폰에 빠진 아이 구하는 스마트폰 역발상 전략」은 아이에게 '스마트폰을 사용하지 마라', '시간을 지켜라', '게임하지 마라'고 하는 등의 행동 규제 위주의 교육은 소용없다고 말한다. 오히려 자녀의 스마트폰 사용 그 자체를 인정하고서, 스마트폰을 사용하는 에너지를 활용하여 자녀의 관심과 흥미를 알아내고, 이를 통해 자녀를 성장시키는 힌트를 찾아낼 수 있다고 주장한다. 9장 「미디어 예방교육을 통해 본 자녀 지도 연구: H·A·P·P·Y 대화법의 출발」은 미디어 역기능 해소 문제와 관련하여 전개한 학부모 미디어 예방활동 현장 경험을 통해 자녀 지도의 현실을 파악하고, 자녀 지도의 한계와 미디어가 침투한 일상생활에서의 갈등 탐색과 해소를 위한 대화 기법을 찾아보는 데 초점을 둔다.

　그동안 미디어 교육에 대한 관심이 높아지면서 학생들의 미디어 리터러시 증진을 위한 책들이 많이 쏟아졌다. 하지만 부모를 대상으로 한 미디어 리터러시 책은 거의 없는 실정이다. 이 책은 그 필요에 따라 부모의 미디어 리터러시 증진을 위해 기획되었다. 사회학, 교육학, 커뮤니케이션학 등 관련 분야의 전문가들이 가정에서 자녀의 미디어 이용을 중재하기 위해 어떤 전략을 사용하고 어떻게 자녀와 소통해야 하는지 구체적으로 제시했다. 특히 게임이나 유튜브, 스마트폰에 빠진 아이들을 어떻게 교육적으로 지도하고 관리해야 하는지를 다룬 내용은 부모들에게 아주 유용할 것이다. 아무 쪼록 전문가들의 제안과 조언이 오늘도 자녀의 과다한 미디어 이용과 씨름하고 있는 부모들에게 해결의 실마리를 제공하길 바란다.

집필진을 대표하여
이 창 호

1장

부모 중재의 다섯 가지 영역

중앙대학교 미디어커뮤니케이션학부 교수 | 이숙정

이 장은 부모 중재가 일어나는 다섯 가지 영역을 다루고 있다. 부모 중재는 부모와 자녀가 상호작용 하는 사회화의 전 영역에서 일어난다. 첫째, 부모 중재의 보호 영역에서 부모와 자녀의 관계는 보호자와 수혜자다. 부모는 미디어의 위험으로부터 자녀를 보호하기 위한 중재 행위를 하지만, 이 중재의 목적은 자녀가 안전한 미디어 공간 안에서 다양한 탐색을 시도하고 위험에 스스로 대처할 수 있도록 하는 데 있다. 둘째, 부모 중재의 호혜 영역에서 부모와 자녀는 상호의존적 평등의 관계를 상정한다. 미디어를 둘러싼 서로의 요구를 조정하며 미디어 이용에 관한 규칙과 규범을 만들어가는 중재 행위를 한다. 셋째, 부모 중재의 통제 영역에서 부모와 자녀의 관계는 수직적이다. 부모는 자녀의 미디어 이용이 사회적 규범에 상충할 경우 이를 통제하는 중재 행위를 하지만 궁극적으로 자녀의 자기조절력을 향상시킬 수 있는 방향으로 나아가야 한다. 넷째, 부모 중재의 학습 영역에서 부모와 자녀의 관계는 교사와 학생의 관계와 유사하다. 부모는 자녀가 미디어 이용에 필요한 정보, 지식, 피드백을 제공하고 미디어에 대한 학습과 미디어를 통한 학습이 이루어질 수 있도록 도와준다. 다섯째, 부모 중재의 참여 영역에서는 부모가 자녀를 공동체의 구성원으로 바라본다. 부모는 자녀가 미디어를 매개로 공동체 활동에 참여할 수 있도록 도와줌으로써 자녀가 관계성 욕구를 충족시키고 공동체의 문화를 습득하도록 한다. 나아가 공동체의 문제를 해결하는 데에도 미디어를 활용할 수 있도록 한다.

1. 부모 중재가 왜 필요한가?

부모가 자녀의 미디어 이용에 관여하는 주된 이유 중 하나는 미디어의 부정적인 영향에 대한 염려다. 부모들이 걱정하는 미디어의 부정적인 영향에는 학업 방해, 중독, 시력 약화나 잘못된 자세 등 신체적 건강, 유해 콘텐츠 노출, 비속어나 욕설 등 부적절한 언어 사용, 낯선 사람 접촉 등이 있다. 이러한 염려가 클수록 자녀의 미디어 이용을 제한, 통제, 금지하려는 경향도 커진다(한국언론진흥재단, 2020; 배상률·이창호·이정림, 2020).

하지만 이 장에서는 부모의 중재가 보다 넓은 영역에서 다양한 방식으로 이루어질 수 있음을 말하고자 한다. 부모의 미디어 중재는 자녀의 미디어 이용과 관련하여 부모가 자녀와 상호작용 하는 방식을 말한다. 여기서 잠시, 왜 자녀의 미디어 이용에 관여하고자 하는지 그 동기나 목적을 다시 생각해 보자. 앞서 얘기했듯이 부모의 염려 때문인 경우가 많은데 이는 부모의 역할을 한정적으로 보는 시각이다. 부모의 역할, 즉 양육의 목적은 자녀가 평등하고 동등한 인격체로서 본인과 다른 사람을 모두 존중할 줄 알고, 다른 사람과의 연대 속에서 스스로의 원칙에 따라 일들을 결정하고 해결해 나가며, 자신의 삶의 목적과 경로를 만들어 스스로의 잠재성을 실현하는, 독립적이고 자율적인 개인으로 살아갈 수 있도록 도와주는 데 있다. 자녀의 미디어 이용에 대한 부모의 중재도 양육의 일부다. 그러므로 부모 중재는 이와 같은 양육의 목적을 염두에 두고 행해져야 한다.

부모의 미디어 중재가 다양한 영역에서 이루어진다는 것을 이해하기 위해서는 미디어를 환경으로 바라보는 시각이 전제되어야 한다. 미디어는 의사소통을 매개하는 기술로서 우리의 삶의 조건이다. 우리는 다양한 형태의 의사소통에 참여함으로써 자아를 정립하고 대인 관계를 형성 및 유지하고 협력을 통해 공동체의 문제를 해결해 왔다. 오늘날 우리는 다양한 형태의 의사소통이 미디어로 매개되는 현실에 살고 있다. 의사소통을 매개하는 기술로서 미디어는 우리가 의도한 방향으로 그리고 의도하지 않은 방향으로 우리의 지각, 사고, 감정, 관계, 경험 등에 영향을 주면서 우리의 삶을 구조화한다. 미디어를 우리의 삶 전반에 영향을 주는 환경으로 바라볼 때, 자녀의 미디어 이용에 대한 부모의 관여는 일상생활에서 자녀와 부모가 상호작용 하는 전 영역에서 일어난다는 것을 알 수 있다.

사회화 이론에 따르면, 일상생활에서 자녀와 부모가 상호작용 하는 영역은 크게 다섯 가지, 즉 ① 보호 영역, ② 호혜 영역, ③ 통제 영역, ④ 학습 영역, ⑤ 참여 영역으로 구분된다(Grusec and Davidov, 2010). 각 영역은 부모와 자녀 간의 관계 설정, 부모와 자녀 간의 상호작용 방식, 해당 영역에서의 기대하는 결과가 각기 다르다. 미디어를 둘러싼 자녀와 부모의 상호작용이 보호나 통제 영역에만 국한되는 것이 아니다. 자녀와 부모 간 상호작용이 일어나는 전 영역에서 부모의 미디어 중재는 일어난다. 각 영역에서 부모의 미디어 중재가 어떤 방식으로 일어나는지 그리고 부모의 중재를 통해 기대하는 결과가 무엇이어야 하는지를 살펴보자.

2. 부모 중재의 보호 영역

부모와 자녀의 상호작용이 일어나는 첫 번째 영역은 보호다. 자녀가 위험에 노출되어 있을 때, 자녀의 보호받고자 하는 욕구에 부모가 적절하게 반응하는 상호작용의 영역이다. 자녀가 스스로 위험 요소를 제거하거나 위협에 대처할 수 없는 상황에서 보호자가 자녀의 욕구에 적절히 반응함으로써 자녀는 안전감을 느끼고 보호자에게 신뢰감을 느끼게 된다. 안전감을 느끼는 유아는 새로운 것을 시도할 수 있고 보호자와의 신뢰감은 대인 관계에서의 신뢰감으로 확장된다. 그러나 보호자가 유아의 보호 욕구에 반응하지 않으면, 유아는 보호자로부터 도움이나 지지를 받을 수 있을 것이라는 자신감을 잃게 되고 그 결과 유아들은 자신이 느끼는 고통이나 좌절을 과도하게 축소하고 억누르거나 아니면 과장하여 표현하기도 한다. 이런 과정에서 유아는 자신이 느끼는 감정을 있는 그대로 인지하고 표현하는 데어려움을 겪고 이는 대인 관계를 형성하는 데에도 부정적인 영향을 준다.

자녀의 보호 욕구에 적절히 반응한다는 것이 부모가 위험 요소를 모두제거해야 한다는 것은 아니다. 위험 요소를 제거하는 데 초점을 두기보다는 자녀가 느끼는 불안이나 고통을 완화시키는 데 초점을 두어야 한다. 자녀가 부모한테서 위로, 인정, 지지를 받았다고 인지할 수 있어야 한다. 이를통해 유아는 부정적 감정을 조절할 수 있는 능력을 키울 수 있으며 스트레스나 고통에 대처하는 방법을 배울 수 있다. 또한 이러한 유아는 다른 사람의 고통에 대해서도 민감하게 반응하는 공감 능력을 가지게 된다. 부모와자녀 간 안정적인 애착 관계가 형성되었을 경우, 자녀는 부모의 조언이나지도를 수용하는 태도를 갖게 되고 효과적인 대처 방법을 습득할 수 있게된다.

부모는 유해한 콘텐츠, 사이버 폭력이나 사이버불링, 성 착취, 개인정보침해 등 미디어 이용에서 경험하게 되는 위험으로부터 자녀를 안전하게 보호해야 한다. 그리고 자녀는 이러한 위험으로부터 보호받을 권리가 있다. 부모는 미디어 이용과 관련된 자녀의 보호 권리를 제도적으로 요구할 수있어야 하며 가정 내에서도 자녀의 보호를 위한 중재를 행할 수 있어야 한다. 여기서 부모 중재의 동기는 자녀를 미디어 위험으로부터 보호하고자하는 마음일 것이다. 이러한 동기에서 비롯되는 다양한 부모 중재 방식이있다. 자녀의 미디어 이용을 옆에서 지켜보거나, 카카오톡 등 메신저 앱을설치하지 못하도록 하거나, 유해차단 소프트웨어를 설치하거나, 인터넷 이용 기록을 확인하는 등으로 관여할 수 있다. 이 외에도 자녀를 보호하기 위한 중재는 각 가정에서 다양하게 나타날 수 있다.

하지만 지나친 보호는 자녀의 자율성을 저해한다. 자녀를 위험으로부터 보호하고자 하는 중재 행위를 통해 기대하는 결과는 위험을 차단하는 것 이상이어야 한다. 보호 영역에서 부모의 상호작용은 자녀가 미디어의 유해한 요소나 위험한 상황에 스스로 대처할 수 있는 능력을 계발하기 위한 방향으로 이루어져야 한다. 예컨대, 자녀를 사이버불링의 위험으로부터 보호하기 위해 자녀가 친구와 주고받는 문자 메시지를 일일이 확인한다고 하자. 이러한 중재 방식은 자녀의 사생활 권리를 침해한다. 사생활은 개인이 스스로에 대한 내면적 사고와 판단, 자기 의지대로 행하는 자율성을 실현하기 위해 각 개인이 보장받아야 할 권리다.

미디어를 놀이터 공간으로 가정해 보자. 부모는 아이가 놀이터에서 안전하게 놀 수 있도록 놀이터의 환경을 먼저 확인할 것이다. 위험한 지역에 있는 놀이터를 선택하지도 않을 것이고 놀이터에 깨진 조각이 있으면 그것을 치울 것이다. 미디어도 마찬가지다. 어린 자녀가 유튜브를 이용한다고 하면, 일반인들이 모두 사용하는 유튜브보다는 유튜브 키즈앱을 사용해야 하며, 키즈앱 내에서도 연령에 맞게 환경 설정을 해야 할 것이다. 놀이터에서 만난 낯선 사람을 따라가지 말라고 얘기하듯이, 오픈 채팅이나 랜덤 채팅 등 온라인 공간에서 낯선 사람과 소통하는 것의 위험에 대해 이야기해 주어야 한다. 또한 아이를 보호한다는 이유로 아이를 놀이터 의자에 가만히 앉혀둬서는 안 되는 것처럼, 여러 미디어 플랫폼 이용을 모두 차단할 수는 없다. 그리고 처음 가는 놀이터의 경우 부모나 보호자가 놀이터를 같이 둘러보고 아이가 놀고 싶어 하는 놀이기구를 찾고 아이가 그것을 이용하는 동안 옆에서 지켜본다거나 조심해야 할 것을 미리 일러주는 것처럼, 미디어를 이용할 때도 이러한 관여 방식을 적용해 볼 수 있다. 유튜브 키즈앱을 사용한다고 하면, 환경 설정이나 기능에 대해 자녀와 같이 살펴보고, 어떤 콘텐츠나 기능을 사용하고 싶은지 서로 이야기하고, 조심해야 할 사항들을 알려줄 수 있을 것이다. 이를 통해 자녀가 안전한 환경에서 여러 활동들을 탐색하면서 위험 상황에 노출되었을 경우 부모나 보호자에게 도움을 요청하거나 스스로 해결해 나가는 능력을 키울 수 있을 것이다.

3. 부모 중재의 호혜 영역

부모와 자녀의 상호작용이 일어나는 두 번째 영역은 호혜다. 부모와 자녀의 관계는 하나로 고정되어 있지 않다. 예를 들어, 사이버 폭력의 상황에서 부모는 자녀의 보호자여야 하고 자녀는 보호를 받아야 한다. 그러나 가령 미디어 이용에 대한 가족 규칙을 정하려고 할 때 부모와 자녀의 관계는 상호의존적 평등의 관계를 전제로 한다. 부모는 자녀의 합리적인 요구를 수용함으로써 자녀가 부모의 요구도 수용할 수 있는 조건을 만들어야 한다. 부모와 자녀는 갈등적 관계, 보호의 관계, 통제의 관계가 아니라 공통된 목표를 위해 협조하는 관계임을 인식하고 서로의 요구를 조정해 나갈 수 있어야 한다. 이때 부모의 요구를 수용한 자녀에게 물질적 보상을 제공하게 되면 자녀의 자발적 순응 동기는 약해질 수 있음에 주의해야 한다.

부모와의 협조적 상호작용 경험을 통해 자녀는 사회적 관계에 필요한 호혜성 스키마를 발달시킬 수 있다. 타인의 요구에 수용적 태도를 갖게 되고, 의견을 조정하고 설득하는 의사소통 방식을 배울 수 있으며, 서로 합의하여 만든 규칙을 준수하고자 하는 자발적 동기를 갖게 된다. 부모와의 상호작용을 통해 체화된 호혜적 의사소통 방식은 다른 사람과의 사회적 상호작용에서도 발현된다. 자신의 의견이나 요구를 명확히 드러내면서 다른 사람과의 상호작용 과정을 통제해 나갈 수 있는 능력을 가지게 된다.

미디어 이용에 대한 부모의 호혜적 중재는 자녀의 미디어 이용과 관련하여 자녀의 요구와 부모의 요구를 서로 협상하고 규칙을 정해가는 상호작용 방식을 말한다. 이때 부모는 부모가 원하는 규칙을 정하기 위해 자녀를 일방적으로 설득하고 순응하도록 강요해서는 안 된다. 이 상황에서는 부모와 자녀가 평등한 관계임을 상정한다. 자녀가 원하는 바와 부모가 원하는 바를 이야기하고 그 원하는 바가 합리적인지 서로를 설득하는 과정이 필요하다. 이 영역에서의 부모 중재의 목표는 부모와 자녀가 미디어 이용 규칙을 함께 정하는 것에서 나아가 자녀와 부모가 모두 미디어 이용 규칙이라는 가정 내 규범을 수용하고 준수하려고 노력하는 것이어야 한다. 또한 그 규범이 디 이상 구성원의 행동을 규제하는 것으로 타당하지 않을 경우에는 다시 재조정할 수 있어야 한다.

4. 부모 중재의 통제 영역

부모와 자녀의 상호작용이 일어나는 세 번째 영역은 통제다. 통제의 영역에서 부모와 자녀의 관계는 수직적인 것으로 상정된다. 사회적 집단은 사회적 조화와 안정을 위해 일탈적 행동을 정의하고 그러한 행동들을 제재하고자 한다. 개개인은 그 집단의 규범을 수용하고 그 규범과 상충되는 개인의 욕구를 억제할 필요가 있다. 자녀들이 사회적 규범을 배울 수 있도록 상호작용 하는 것이 바로 통제 영역에서의 사회화 과정이다. 부모는 사회적·물리적 보상, 육체적 처벌, 금지, 보상 철회, 논리적 설득 등 다양한 수단을 활용하여 자녀가 반사회적 행동을 하지 않도록 제재하고 친사회적 행동을 하도록 권장한다.

그러나 이러한 통제의 과정은 쉽지 않다. 자녀의 바람직하지 않은 행동을 제재할 수 있을 정도로만 부모의 통제가 가해져야 하는데 부모의 통제가 너무 강압적이면 자녀의 자율성이 침해되어 장기적인 차원에서 외부 통제가 내적 통제로 내면화되지 않는다. 부모는 자신의 통제가 자녀의 자율성을 지나치게 침해하지 않도록 하고 언어적 상호작용을 통해 자녀가 규범적 행동을 내면화할 수 있도록 해야 한다. 또 다른 유의할 점은 자녀의 발달 단계, 성별, 기질, 기분, 통제하고자 하는 행동의 특성 등에 따라 부모 통제의 효과가 달라진다는 것이다. 즉, 모든 어린이들에게 적용될 수 있는 하나의 효과적인 통제 방식이라는 것이 있을 수 없다. 자녀의 특성과 상황에 따라 효과적인 통제 방식들을 찾아가야 한다.

이때 분명히 해야 할 점은 통제 행위를 통해 얻고자 하는 것이 무엇이냐는 것이다. 당장 특정 행동을 멈추게 하는 것이 통제의 목적이라면 강압적인 방법을 취할 수 있을 것이다. 그러나 사회적 규범과 가치를 내면화하는 것이 목적이라면 규범과 가치에 부응하는 행동이 유익하고 즐겁다는 경험을 할 수 있도록 해야 한다. 나아가 자녀의 자기조절력 발달이 부모 통제의 궁극적 목적이라면 금지나 처벌 또는 외적 보상이 아닌 다른 방법을 사용해야 한다.

자기조절력은 타인의 명령이나 지시에 따라 행동하는 것이 아니라 스스로의 판단과 자율적인 사고로 주어진 상황에 적절하게 자신의 사고, 감정 그리고 행동을 조절하고 융통성 있게 문제를 해결할 수 있는 능력이다. 이는 자신의 행동을 억제하고 통제하는 것을 넘어선다. 자기조절력은 상황을 고려하여 행동 목표를 계획하고 계획에 기초하여 행동을 평가하고 그 평가에 따라 행동을 조정하는 인지적 조절 차원과 자신과 타인의 감정을 인지하고 충동을 억제하면서 감정을 조절하는 정서적 조절 차원을 모두 포함한다(양옥승, 2006). 이러한 자기조절력은 사회적 상호작용을 통해 발달한다.

자신의 행동을 결정하고 언어적으로 계획하는 경험과 자신의 행동을 언어적으로 회상하고 평가하는 경험은 자기조절력을 향상시키는 데 도움이 된다.

미디어 이용에 대한 부모의 통제적 중재는 특정 상황에서 요구되는 사회적 규범에 상충되는 자녀의 미디어 이용과 특정 목표 활동에 방해가 되는 자녀의 미디어 이용을 통제하고 나아가 자녀가 스스로 조절할 수 있도록 도와주는 부모의 상호작용 방식을 말한다. 예를 들어 다른 사람과 식사하며 이야기를 나누는 자리에서 혼자 스마트폰을 보는 행위는 사회적 규범에 어긋나는 미디어 이용이라고 할 수 있다. 또는 학습 활동을 하는 중에 유튜브 게임 영상을 동시에 시청하는 것은 목표 활동에 방해가 되는 미디어 이용이라 할 수 있다. 이러한 자녀의 미디어 이용을 자녀 스스로 조절할 수 있도록 부모는 다양한 통제적 중재 방식을 사용할 수 있을 것이다. 이때 다시 명심할 것은 부모의 통제적 중재는 자녀의 자기조절력 향상을 궁극적 목적으로 해야 한다는 것이다.

효과적인 통제적 중재 방식의 순서에 대해 생각해 보자. 먼저 자녀와 부모가 호혜적 관계를 전제로 하여 가정 내 구성원들이 수용할 수 있는 미디어 이용 규칙을 만든다. 그리고 그 규칙이 가정 내 규범이 되도록 한다. 규범은 규칙과 다르다. 규칙은 명시적으로 정하는 것인 반면에 규범은 의식적으로 그리고 무의식적으로 만들어진다. 규칙을 정했다 하더라도 시간이 지남에 따라 정해둔 규칙을 지키지 않는다면, 규범이 존재한다고 보기 어려우며 오히려 규칙에 무관하게 행동하는 것이 하나의 규범으로 고착화될 수 있다. 한 집단 내 규범은 구성원들의 행동, 판단, 평가의 기준이 된다. 그 규범이 언어적 상호작용을 통해 내면화될 때, 즉 타인이 정한 기준에 순응하는 것에서 나아가 자신의 내적 기준으로 받아들이고 그 기준의 타당성과 가치를 인정하게 될 때, 그 규범을 준수할 가능성이 높아진다. 물론, 규범을 내면화했다고 해서 항상 그 규범대로 행동하는 것은 아니다. 주어진 상황에서 내면화된 규범을 준거로 자신의 행동을 조절할 수 있어야 하는데, 규범에 대한 상기, 자기 점검, 자기평가를 위한 언어적 상호작용이 필요하다.

5. 부모 중재의 학습 영역

부모와 자녀의 상호작용이 일어나는 네 번째 영역은 학습이다. 학습 영역에서 부모와 자녀는 선생님과 학생의 관계다. 부모는 자녀의 발달 수준을 고려하여 인지적·신체적·사회적·감정적 기술의 습득이 이루어질 수 있도록 도와주는 조력자 역할을 해야 한다. 부모는 자녀의 근접 발달 영역(proximal development zone) 내에서 그들에게 필요한 정보, 전략, 피드백을 적절히 제공하면서 지식과 기술을 습득할 수 있도록 발판(scaffolding) 역할을 해야 한다. 학습 영역에서의 기대 결과에는 특정 사안에 대한 지식적 습득뿐 아니라 그 사안에 대한 부모의 생각, 전략, 감정 등을 부수적으로 이해하고 나아가 사회적·감정적 기술을 습득하는 것을 포함한다.

이 영역에서 부모의 미디어 중재는 자녀가 미디어를 이용하는 과정에서 필요한 정보, 지식, 피드백을 적절히 제공하는 것을 의미한다. 미디어에 대한 이해와 미디어를 통한 학습을 모두 도와줄 수 있는 조력자의 역할을 해야 하는 것이다. 예를 들어, 어린 자녀가 유튜브 플랫폼에서의 환경 설정을 스스로 할 수 없다면 플랫폼의 환경을 설정할 수 있는 기능을 알려줄 수 있다. 학교 과제를 수행하기 위해 인터넷에서 자료를 검색한다고 할 때, 어떤 사이트에서 검색을 하는 것이 좋은지, 어떤 자료가 신뢰할 수 있는 자료인지, 그것을 어떻게 판단하는지 등에 대해 알려줄 수 있다. 드라마를 같이 시청한다고 할 때, 그 드라마에 담겨 있는 고정관념에 대해 이야기해 줄 수도 있을 것이다. 뉴스를 같이 보면서 특정 사안에 대해 설명해 줄 수도 있고 뉴스 보도의 편향성에 대해서도 이야기해 줄 수 있다. 또한 자녀가 자신의 관심 분야를 심화할 수 있도록 관련 콘텐츠를 추천해 줄 수도 있고 그 콘텐츠를 통해 얻게 되는 지식을 재구성할 수 있도록 도와줄 수도 있을 것이다.

때로는 자녀가 부모보다 미디어와 관련된 지식과 기술이 더 많을 수도 있다. 자녀는 부모보다 유튜브에서 관심 콘텐츠를 찾거나 페이스북이나 인스타그램으로 친구와 소통하는 것에 더 익숙할 수 있다. 이럴 경우에도 부모는 자녀의 미디어 이용에 학습적 중재를 할 수 있다. 교사가 반드시 모든 것을 알아야만 가르칠 수 있는 것은 아니다. 교사는 학습자가 배울 수 있도록 안내하는 역할을 한다. 질문을 통해 학습자가 스스로 깨달을 수 있도록 할 수도 있다. 부모가 유튜브나 인스타그램에 대해 잘 모를 수 있다. 그러나 부모는 어떤 콘텐츠가 자녀에게 도움이 되는 콘텐츠인지, 어떤 정보가 신뢰할 만한 정보인지, 다른 사람의 메시지에 어떻게 반응해야 하는지 등에 대해서는 자녀보다 더 많은 경험적 지식을 가지고 있을 것이다. 자신의 경험적 지식을 토대로 자녀와 대화를 시도함으로써 자녀의 미디어 이용을 중재해 볼 수 있다.

학습 영역에서의 부모와 자녀의 관계는 교사와 학생의 관계로 설정된다. 그러나 자녀가 부모보다 미디어 이용 경험이 더 많을 때, 이 관계를 역으로 설정해 봄으로써 부모는 자녀의 미디어 이용을 중재할 수도 있다. 즉, 부모가 자녀에게 미디어와 관련된 지식과 기술을 배우는 과정에서, 교사의 역할을 하는 자녀는 자신이 갖고 있는 지식과 기술을 재구성해 보는 기회를 가지게 된다. 자신의 미디어 이용을 보다 객관적으로 돌아보는 기회를 가질 수도 있을 것이다. 그리고 교사의 역할을 수행하는 자녀가 미디어 이용과 관련된 자신의 능력에 대해 자신감을 가지게 되는 것 또한 학습 영역에서 기대할 수 있는 긍정적 결과다.

6. 부모 중재의 참여 영역

부모와 자녀의 상호작용이 일어나는 다섯 번째 영역은 참여다. 참여 영역에서 부모와 자녀는 사회적 집단의 구성원으로서의 관계다. 부모와 자녀가 가족을 포함하여 특정한 집단의 구성원으로 함께 참여함으로써 부모는 자녀에게 본보기 역할을 할 수 있고 자녀는 집단의 의례적인 관행들을 익힐 수 있게 된다. 인간은 사회적 집단에 소속되고자 하는 관계성이라는 기본적 욕구를 가진다. 특정한 집단이나 공동체의 구성원이 됨으로써 관계성 욕구를 충족시키고 해당 공동체의 가치와 문화를 채택 및 습득하면서 사회적 정체성을 형성해 간다. 이 영역에서 부모와 자녀의 상호작용을 통해 기대하는 결과는 공동체 활동에 참여함으로써 사회적 정체성을 형성하는 것이라 할 수 있다.

참여 영역에서 부모 중재는 자녀가 미디어를 이용하여 가족이나 친구 또는 타인들과의 공동 활동에 참여하고 나아가 소속감 및 사회적 정체성을 형성해 갈 수 있도록 도와주는 행위를 말한다. 예를 들어, 좋아하는 드라마나 예능 프로그램을 자녀와 함께 시청함으로써 가족 구성원으로서의 친밀감과 가족으로서의 정체성을 공유하는 기회를 가질 수 있다. 친구들과 게임을 함께 하면서 또래 문화를 경험하는 기회를 허용하고, 자신의 관심사를 공유할 수 있는 온라인 커뮤니티에 참여하는 것을 권장할 수도 있다. 이 영역에서의 부모 중재의 목적은 미디어를 활용한 참여 그 자체라기보다는 참여를 통해 자녀가 다른 구성원들의 가치와 행동을 관찰하고 바람직한 가치와 문화적 관행들을 채택 및 습득하면서 사회적 정체성을 형성해 나가는 것을 도와주는 데 있다.

참여 영역에서의 부모 중재는 자녀의 연령에 따라 보호 중재나 학습 중재를 병행할 수도 있다. 참여 자체를 긍정적으로 평가하는 경향이 있지만,

자녀가 어릴수록 참여할 집단을 선택하는 데에는 신중해야 한다. 미디어 이용자들은 온라인 커뮤니티에 참여하여 다른 구성원들의 사회적 행위를 관찰하고 그 커뮤니티에서 공유되는 규범과 가치를 습득하게 된다. 자녀가 어리다면 부모가 온라인 커뮤니티를 선별해 주거나 함께 이용함으로써 어떤 규범과 가치를 채택할 것인지에 대해 이야기를 나눌 수 있어야 한다. 자녀가 스스로 특정 온라인 커뮤니티에 가입할 수 있는 연령이라면, 온라인 커뮤니티의 가치와 규범 그리고 문화적 관행을 자녀 스스로 채택하고 내면화하는 과정에서 필요한 판단 기준을 부모가 제공해 줄 수 있을 것이다. 또한 언어적 상호작용을 통해 자녀 스스로 판단 기준을 세울 수 있도록 도와줄 수도 있다.

이처럼 자녀의 미디어 이용에 대한 부모의 중재는 보호, 호혜, 통제, 학습, 참여라는 사회화의 전 영역에서 이루어질 수 있다. 각 영역에서의 부모와 자녀 간의 상호작용은 서로 다른 관계 설정과 행동 방식이 있으며 이를 통해 얻는 결과 또한 다르다. 첫째, 부모가 자녀의 미디어 이용에 대해 보호적인 중재를 하는 것은 자녀가 미디어 이용에서 경험하게 되는 위험하고 위협적인 상황에서 효과적으로 대처하고 다른 사람에 대한 공감과 신뢰를 형성할 수 있도록 하기 위함이다. 둘째, 부모는 또한 자녀의 미디어와 관련된 욕구를 인정하고 자녀도 부모의 합리적 요구를 수용할 수 있도록 조정해 나가는 중재 행위를 해야 한다. 이를 통해 자녀는 상호호혜성의 스키마를 발달시키고 규범에 순응하고 협력할 수 있을 것이다. 셋째, 자녀의 미디어 이용에 대한 부모의 통제적 중재는 주어진 상황에서 사회적 규범과 상충되는 미디어 이용을 통제할 수 있어야 한다. 하지만 부모의 외적 통제가 자녀의 자율성을 침해해서는 안 된다. 부모의 통제적 중재를 통해 얻고자 하는 결과는 자녀의 자기조절력이어야 함을 명심해야 한다. 넷째, 부모는 자녀가 미디어를 이용하는 과정에서 다양한 배움의 기회를 가질 수 있도록 도와줘야 한다. 미디어 이용에 필요한 지식과 기술을 부모가 자녀에게 제공함으로써 자녀가 미디어 이용 경험으로부터 배움을 넓혀갈 수 있도록 도와줄 수 있을 것이다. 또는 부모가 자녀에게 미디어 이용과 관련된 지식과 기술을 배우는 과정에서도 유사한 결과를 기대할 수 있다. 다섯째, 부모는 자녀가 공동체의 구성원으로 참여하여 사회적 규범과 가치를 판단하고 사회적 정체성을 형성할 수 있도록 자녀의 미디어 이용에 관여해야 한다. 공동체 구성원으로서의 참여 경험은 관계성과 소속감의 욕구를 충족시킨다. 나아가 공동체의 문제에도 관심을 가지게 될 것이다. 부모의 미디어 중재는 자녀가 시민으로서의 참여 역량을 증진하는 데에도 기여할 수 있을 것이다.

참고문헌

배상률·이창호·이정림. 2020. 『청소년 미디어 이용 실태 및 대상별 정책대응방안 연구 I: 초등학생』. 세종: 한국청소년정책연구원.
양옥승. 2006. 「3~6세 유아의 자기조절력 측정척도 개발」. ≪미래유아교육학회지≫, 13(2), 161~187쪽.
한국언론진흥재단. 2020. 「2020 어린이 미디어 이용 조사」.

Grusec, J. E. and M. Davidov. 2010. "Integrating different perspectives on socialization theory and research: a domain-specific approach." Child Development, 81(3), pp.687~709.

| 2장 |

스스로 조절하는 아이들

영상 미디어 이용 조절 행동을 높이는
미디어 환경 만들기

이화여자대학교 커뮤니케이션미디어연구소 연구교수 | 김창숙

이 장은 영상 미디어 과이용, 과몰입 등에 대한 우려가 높아지는 가운데, 어린이가 스스로 영상 미디어를 조절하기 위해서는 어떠한 영상 미디어 이용 환경을 만드는 것이 좋은지에 대해 만 4~6세 자녀를 둔 부모 1020명을 대상으로 실시한 설문조사 결과를 바탕으로 논의했다. 미디어 이용 환경으로는 이용하는 영상 미디어 플랫폼, 디바이스, 함께 이용하는 사람, 채널 선택권이 누구에게 있는지 등을 질문했으며, 이에 따른 미디어 이용 조절 행동의 차이를 살펴본 결과를 제시했다. 그 결과, 영상 미디어 이용 조절 행동값이 높은 어린이들은 대체로 TV를 통해 OTT 채널에서 부모나 다른 사람이 선택한 영상 미디어를 어머니와 함께 보는 아이들이었다. 상대적으로 이용 조절 행동값이 낮은 어린

이들은 할아버지나 할머니와 함께 있으면서 스마트폰을 이용해 유튜브에 있는 영상을 스스로 선택해서 보는 환경에 놓여 있었다. 전반적으로 살펴보았을 때, 다소 한정되고 통제된 환경에 있는 아이의 이용 조절 행동값이 높은 것으로 나타났다.

1. 디지털 원주민인 어린이들

디지털 원주민. 요즘 아이들을 칭하는 대표적 단어다. 실제로 요즘 아이들은 손가락을 까딱할 수 있는 순간부터 원하는 영상을 선택해 볼 수 있을 정도로 어린 나이에 디지털 영상 미디어를 경험하고, 활용한다. 각 가정에는 TV는 물론이고 컴퓨터, 태블릿 PC, 스마트폰 등, 영상 미디어를 이용할 수 있는 다양한 디지털 기기들이 구비되어 있고, 이용하는 미디어 플랫폼 역시 지상파 TV뿐 아니라 케이블 TV, OTT, IPTV, 유튜브 등 다양하다. 즉, 요즘 아이들은 태어날 때부터 온갖 미디어에 둘러싸여 있고, 이들 미디어를 활용할 줄 아는 부모 아래에서 자라면서, 영유아기부터 미디어에 노출되고 시공간의 제약 없이 미디어를 이용하며, 심지어 미디어 콘텐츠를 생산하기도 하는 세대다.

실제로 한국언론진흥재단(2020) 조사 결과에 따르면, 만 3~9세 어린이의 약 60%가 24개월 이전에 TV 시청을 시작했고, 30%는 24개월 이전에 스마트폰을 시작했다. 어린이의 미디어 이용 시간은 평균 4시간 24분으로 나타났으며, 이는 어린이의 경우 하루 1시간 이상 전자기기 화면을 보지 않도록 하는 WHO 권고 기준의 4배 이상이다. 더욱이, 2년 이상 길어진 팬데믹 상황으로 어린이의 외부 활동이 감소하고 가정 내에서 보내는 시간이 길어지면서 놀이뿐 아니라 교육과 돌봄을 목적으로 한 미디어 활동도 증가했다. 이에 각 가정과 사회에서는 어린이의 미디어에 대한 과노출, 과이용, 과몰입 등을 우려하는 목소리가 커지고 있다(경기도여성가족재단, 2020). 학부모, 어린이집 원장 그리고 교사 1451명을 대상으로 한 설문조사에서는 코로나19 상황에서 2020년 한 해 동안 가정보육 시간이 많이 늘어나면서, "과도한 실내생활로 인한 미디어 노출 시간이 증가했다"라고 응답한 학부모가 83.5%에 달했다(권현경, 2021.5.24). 또한, 만 4~6세 어린이들을 대상으로 조사한 연구에서 전체 어린이의 10%가 미디어 과의존의 잠재적 위험군 이상으로 분류되었으며, 만 3~5세 어린이를 대상으로 조사한 연구에서는 스마트폰 과의존 위험군의 비율이 25%로 나타나 유아기 미디어 과의존의 높은 비율을 보여주었다(오주현·박용완, 2019). 어린이의 미디어 과의존은 공격 행동, 주의력 결핍, 또래 관계에서의 어려움, 언어 발달 지연, 수면 장애 등 여러 발달 영역에서 부정적인 결과를 야기한다는 점(김보라·신혜원, 2019; Poulain et al., 2019)을 고려했을 때 미디어 이용으로 인한 부작용을 예방하기 위해 어린이가 과도하게 미디어를 이용하지 않도록 조기에 개입하는 것은 필수적이다.

이에 부모들은 어린이의 과이용을 방지하기 위해 아이가 무엇을 이용했는지 주기적으로 체크하고, 아이가 미디어를 이용하는 동안 옆에 있는 등 미디어 이용을 감독하고 있다(한국언론진흥재단, 2020). 그러나 현실적으로 아이가 미디어를 이용하는 동안 부모가 늘 함께 있을 수는 없기 때문에 아이가 스스로 조절하도록 하는 교육과 환경을 조성해 주는 것이 중요하다.

이에 이 장에서는 주변 환경에 영향을 많이 받는 어린이들의 특성을 고려해 어린이가 스스로 미디어 이용을 조절할 수 있는 환경은 어떠한 것인지 알아보았다. 이를 통해 부모들이 상시적으로 어린이의 미디어 이용에 개입하지 않더라도 이용 조절 행동을 향상시킬 수 있는 환경을 조성하는 방안을 제시할 예정이다.

2. 영상 미디어 이용 조절이란?

영상 미디어 이용 조절은 아동발달학에서 사용되는 자기 조절(self-regulation)의 개념을 영상 미디어에 적용한 것이다. 자기 조절은 외부 자극에 대해 자신의 감정, 사고, 행동을 통제할 수 있는 개인의 기질적 능력으로, 특정 상황에서 외부의 통제 없이 내면화된 규칙에 따라 자신의 행동이나 정서를 상황에 적절하게 계획하고, 점검하고, 평가할 수 있는 능력을 의미한다(Bodrova and Leong, 2006). 자기 조절은 인지적, 정서적, 행동적 자기 조절로 구분되는데, 이 중 행동적 자기 조절은 상황에 적합한 행동을 하는 능력으로 순응성, 만족 지연 능력, 욕구 충족 지연 능력, 유혹 저항, 인내와 같이 외부 감시가 없어도 사회적 규율과 조화를 이루려는 행동을 강조한다. 이에 행동적 자기 조절이 발달한 어린이는 학습과 사회적 상호작용에서 더 유리한 경향이 나타나는 반면(Ponitz et al., 2009), 자기 조절이 결핍될 경우에는 과잉 행동, 또래 부적응, 공격적 행동 등의 문제가 발생할 수 있다(Brownell et al., 1997; Kopp, 1982).

미디어 과이용, 과몰입, 과의존은 행동적 자기 조절 실패의 맥락에서 설명되고 있다. 즉, 자기 조절이 실패할 경우 과이용 등 문제적 미디어 이용이 나타난다는 것이다(김민희, 2015; 김서희·황성온, 2017; 조상연 외, 2018). 예를 들어 감정 통제, 충동 억제, 자기 통제 등 자기 조절이 높은 어린이는 스마트 미디어 이용량이 적었고(김민희, 2015; 김서희·황성온, 2017; Radesky et al., 2014), 스마트 기기 몰입 경향이 낮은 것으로 나타났다(장명림·황성온·김미나, 2013). 자기 조절은 스마트 미디어 사용 빈도, 사용 시간, 사용 수준과도 의미 있는 상관관계가 있었다(조상연 외, 2018). 스마트 기기를 자주, 많이 사용하는 어린이는 그렇지 않은 경우에 비해 자기 조절 발달이 부정적이었다. 그러나 또 한편으로는 이용 시간만으로는 자기 조절에 부정적인 영향을 미친다고 할 수 없다거나(김보라·신혜원, 2019), 어린이의 스마트 기기 중독 정도와 자기 조절은 유의미한 상관관계가 없다는 연구 결과도 있다(홍혜경·임경심·김수향, 2014).

선행 연구자들은 미디어에 대한 자기 조절을 '미디어 이용 조절'로 명명하여 미디어 이용량과의 관계를 파악하기도 했다(허경호, 2005; Radesky et al., 2014). 이 연구들은 여러 미디어 기기를 통틀어 질문하거나 스마트 기기 등 특정 디바이스를 대상으로 했다. 하지만 콘텐츠에 따라 이용량과 몰입 정도가 다른 점을 고려하면 콘텐츠에 따라 자기 조절에 차이가 있을 수 있다. 즉, TV와 태블릿 PC, 스마트폰 등 이용하는 기기마다 화면의 크기, 이용의 편리성 등 특성이 다를 수 있고, 또 애니메이션, 영화와 같은 영상 미디어를 이용하는지, 아니면 게임 등을 이용하는지에 따라서도 차이가 있을 수 있다. 이에 이용 조절은 다양한 미디어 이용 환경, 즉 이용하는 미디어의 기기나 플랫폼 등에 영향을 받을 수 있으며, 어린이의 경우에는 함께 이용하는 사람이 누구인지, 또는 채널 선택권이 있는지 여부에 따라서도 영향을 받을 수 있을 것으로 추정된다.

이에 어린이의 영상 미디어 이용 환경에 따라 이용 조절 행동도 달라지는지 알아보았다. 그 결과, 실제로 어린이가 놓인 영상 미디어 이용 환경에 따라 이용 조절 행동에 차이가 나타났다. 구체적인 연구 방법과 연구 결과는 다음과 같다.

3. 어떻게 조사했나?

영상 미디어 이용 환경에 따른 이용 조절 행동의 차이를 알아보기 위해 설문조사 전문업체인 마크로밀 엠브레인을 통해 2021년 3월 31일부터 4월 8일까지 전국의 만 4~6세 어린이의 주 양육자인 부모를 대상으로 설문조사를 실시했다. 거주지, 자녀 연령, 자녀 성별 등을 할당하여 수집된 1020명의 데이터 중 미디어 이용 환경 문항에 응답하지 않은 31명을 제외한 총 989명이 분석 대상이었다.

표 2-1 **어린이 영상 미디어 이용 조절 행동 측정 문항**

	해야 할 일이 있음에도 영상 미디어 시청을 그만두는 것을 어려워한다.
	영상 미디어 시청이 아이가 해야 할 일을 마치는 데 방해가 되지 않는다.
	영상 미디어를 너무 많이 본다.
	영상 미디어 시청을 스스로 잘 조절한다.
	특정한 프로그램, 영상에 상관없이 오랫동안 영상 미디어를 본다.
	해야 할 일이 있을 때는 영상 미디어가 재미있어도 보지 않는다.
이용 조절 (우리 아이는 미디어를 이용할 때…)	영상 미디어가 보고 싶어도 참을 수 있다.
	보고 싶은 프로그램, 영상이 방영되어도 참을 수 있다.
	영상 미디어 시청한 후 해야 할 일을 생각한다.
	영상 미디어 시청하기 전에 해야 할 다른 중요한 일이 없는지 먼저 살핀다.
	대부분의 영상 미디어 시청은 미리 계획된 것이다.
	보기로 한 영상만 시청한다.
	영상 미디어 시청을 통해서 얻고자 하는 것이 분명하다.
	프로그램 또는 영상 내용이 기대했던 것이 아닐 때에도 계속해서 본다.

미디어 이용 조절 행동은 자제력, 미뤄둔 만족, 목표 지향성 등에 대한 질문으로 구성된 허경호(2003)의 텔레비전 시청 조절 능력 척도의 문항을 연구 대상인 어린이와 영상 미디어 특성에 맞게 수정해 사용했다. 문항은 총 14개로 구성했으며 어린이의 주 양육자인 어머니나 아버지가 답하도록 했다. 응답자는 문항 내용에 동의하는 정도에 따라 '전혀 그렇지 않다(1점)'에서 '매우 그렇다(5점)'까지 5점 리커트 척도로 응답했다. 가능한 총점 범위는 5~75점으로, 점수가 높을수록 어린이가 미디어 이용 시간을 조절하고, 시청하기로 한 프로그램만 보거나 해야 할 일이 있을 때 미디어 시청을 중지하는 미디어 이용 조절 행동 수준이 높음을 의미한다.

분석은 SPSS 프로그램을 통해 실시했으며, 어린이의 성별과 연령을 통제하고 각 영상 미디어 이용 환경을 이용하는 어린이의 수(명, %), 그리고 이들의 이용 조절 행동값의 평균 차이를 비교했다.

4. 어린이의 영상 미디어 이용 환경에 따른 이용 조절 행동의 차이

1) 영상 미디어 이용 기기에 따른 이용 조절 행동의 차이

설문조사 결과, 연구 대상인 어린이들은 주로 TV를 통해 영상 미디어를 시청하는 비율이 절반 이상(61.9%, 612건)인 것으로 나타났다. 그다음으로 태블릿 PC(24.5%, 242건), 스마트폰(11.6%, 115건), 데스크톱/노트북(2.0%, 20건) 순이었다.

표 2-2 **영상 미디어 이용 기기**

영상 미디어 이용 환경		N	%
영상 미디어 이용 기기	TV	612	61.9
	태블릿 PC(갤럭시 패드, 아이패드 등)	242	24.5
	스마트폰	115	11.6
	데스크톱 또는 노트북	20	2.0

그림 2-1 **영상 미디어 이용 기기에 따른 이용 조절 행동의 차이**

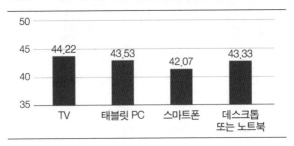

어린이가 이용하는 기기에 따라 이용 조절 행동에도 차이가 있었다. 구체적으로 TV를 통해 영상 미디어를 이용하는 어린이들이 이용 조절 행동값이 가장 높았고(44.22), 그다음은 태블릿 PC(43.53), 3위는 데스크톱이나 노트북(43.33), 4위는 스마트폰(42.07)이었다. 다른 기기들 사이의 이용 조절 행동값 차이는 1 이하의 차이였지만, 스마트폰은 1 이상의 차이가 났다는 점도 눈에 띈다. 이들 기기의 성격을 살펴보면, 대체로 가정에서 공동으로 이용하며 이동성에 제한이 있는 매체에서 개별적인 시청이 가능하며 휴대성이 강한 매체로 갈수록 미디어 이용 조절 행동 수준이 낮아지는 양상을 보였다. 이는 개인화된 특성이 강한 미디어 매체가 이용자의 몰입을 유발한다는 기존 연구(이강유·성동규, 2018)와 같은 맥락의 결과다.

2) 영상 미디어 이용 플랫폼에 따른 이용 조절의 차이

두 번째로, 어린이들이 영상 미디어를 볼 때 이용하는 플랫폼을 조사하기 위해 "유아가 영상 미디어를 이용할 때 주로 이용하는 플랫폼은 무엇입니까?"라는 문항에 지상파 TV, 케이블 TV, 유튜브, OTT(예: 넷플릭스, 왓챠, 네이버 TV 등), IPTV(예: 아이들나라 등) 중 하나를 선택하도록 했다. 그 결과, 어린이들이 영상 미디어를 시청하는 데 이용하는 플랫폼의 비율은 유튜브(52.3%, 517건), 케이블 TV(19.1%, 189건), 지상파 TV(11.9%, 118건), 넷플릭스와 네이버 TV 등 OTT(8.4%, 83건), IPTV(8.3%, 82건) 순으로 나타났다.

영상 미디어 이용 플랫폼에 따라 이용 조절 행동에도 차이가 나타났다. 이용 조절 행동이 가장 높은 그룹은 넷플릭스와 같은 OTT를 이용해 영상 미디어를 이용하는 그룹이었고(46.54), 두 번째는 LG U+ 아이들나라 등 IPTV를 통해 영상 미디어를 이용하는 그룹이었다(44.95). 3위는 지상파 TV(44.73), 4위는 유튜브(43.06)였다.

표 2-3 **영상 미디어 이용 플랫폼**

영상 미디어 이용 환경		N	%
영상 미디어 이용 플랫폼	지상파 TV	118	11.9
	케이블 TV	189	19.1
	유튜브	517	52.3
	OTT(넷플릭스, 네이버 TV, 왓챠 등)	83	8.4
	IPTV	82	8.3

그림 2-2 **영상 미디어 이용 플랫폼에 따른 이용 조절 행동의 차이**

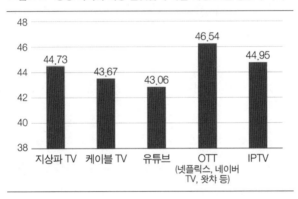

이러한 OTT, 지상파 TV, 케이블 TV, 유튜브 플랫폼은 어린이가 선호하는 영상 미디어의 종류와 수 그리고 재생 방식에 차이가 있다. 플랫폼에서 프로그램들이 구현되는 상황을 구체적으로 살펴보면, 넷플릭스 등 OTT는 시청을 위해 원하는 프로그램을 선택하는 과정이 있고, 프로그램이 종료된 후 선택할 수 있는 새로운 프로그램은 세 편에 불과한 특성이 있는 플랫폼이다. 선택한 프로그램 시청이 종료된 후 OTT가 추천하는 영상이 소수이기 때문에, 추천된 동영상 중 선호하는 영상이 없을 경우에는 미디어를 더 이상 시청하지 않을 가능성이 높다. 지상파 TV는 특정 시간대 외에는 어린

이가 선호하는 프로그램을 방영하지 않는 플랫폼의 특성이 있다. 이에 비해 케이블 TV는 방송사에서 편성한 프로그램이 순서대로 재생이 되어 선호하지 않는 프로그램은 시청을 멈출 수 있지만, 지상파 TV에 비해서는 어린이 채널에서 어린이가 선호하는 프로그램이 끊임없이 재생될 가능성이 높은 플랫폼이다. 어린이의 미디어 이용 조절 점수가 가장 낮게 나타난 유튜브는 영상을 반복 시청할 수 있으며, 동영상 재생 후 알고리즘에 의해 유사한 동영상 목록이 끝없이 나열되고, 동영상 재생이 종료되었을 때 유사 동영상이 자동 연속 재생되는 구조다. 즉, OTT, 지상파 TV, 케이블 TV, 유튜브 플랫폼은 어린이가 선호하는 영상 미디어의 종류와 수 그리고 재생 방식에 차이가 있으며, 한정된 범위 내에서 프로그램을 선택하여 이용하는 플랫폼을 통해 영상 미디어를 이용하는 경우가 프로그램을 선택하는 데 제한이 없으면서 자동 연속 재생되는 플랫폼으로 이용할 때보다 이용 조절 행동값이 높은 것을 알 수 있다. 이와 같은 연구 결과는 어린이가 의도하지 않더라도 유사한 영상이 계속 재생되며 영상 시청 이력에 기초해 유사한 영상을 연속 추천하는 플랫폼의 특성이 영상 미디어 시청 조절을 어렵게 만드는 환경적 요인이라는 선행 연구(LaFrance, 2017) 결과와도 일치한다.

3) 채널 선택권 유무에 따른 이용 조절의 차이

세 번째는 어린이가 원하는 영상 미디어 프로그램에 자유롭게 접근하는지 여부를 알아보기 위해 "유아의 영상 미디어 채널 선택권은 주로 누구에게 있습니까?"라고 묻고, 양육자 또는 유아 중 하나에 표시하도록 했다. 영상 미디어 채널 선택권이 어린이에게 있는지의 여부와 관련하여 어린이가 아닌 주 양육자에게 있는 경우(59.7%)가 어린이에게 있는 경우(40.3%)보다

표 2-4　어린이의 채널 선택권 보유 여부

영상 미디어 이용 환경		N	%
아이가 자유롭게 채널을 선택할 수 있는가	네	399	40.3
	아니오	590	59.7

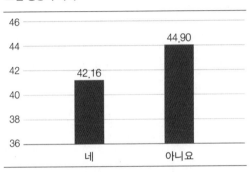

그림 2-3　어린이의 채널 선택권 보유 여부에 따른 이용 조절 행동의 차이

높은 비율을 보였다. 〈그림 2-3〉에서 보는 것처럼, 어린이의 채널 선택권 보유 여부에 따라 이용 조절 행동값에 차이가 나타났으며, 어린이에게 채널 선택권이 없는 경우(44.90)가 어린이에게 채널 선택권이 있는 경우(42.16)보다 이용 조절 행동값이 높게 나타났다. 이전 연구에 따르면, 어린이의 경우 적절하게 통제가 이루어지는 상황이 내재적 통제를 향상시키는 데 도움이 되는데(박영태·이경님, 2011), 이는 채널 선택에 따른 이용 조절 행동에 있어서도 마찬가지인 것이다.

4) 함께 이용하는 사람에 따른 이용 조절의 차이

어린이가 영상 미디어를 이용할 때 함께 이용하는 사람이 누구인지 알아본 질문에서 어린이의 과반수(52.0%, 514건)가 어머니와 함께 영상 미디어를 시청하는 것으로 나타났다. 그다음으로 형제자매(27.0%, 267건), 혼자 보기(14.4%, 142건), 아버지(4.6%, 45건), 조부모(1.8%, 18건), 기타 어른(베이비시터, 조부모를 제외한 친인척 등)(0.3%, 3건) 순으로 나타났다.

영상 미디어를 함께 시청하는 사람에 따라 이용 조절 행동도 달라졌다. 어린이는 어머니와 함께 영상 미디어를 이용하는 그룹에서 이용 조절 행동

표 2-5 **영상 미디어를 함께 시청하는 사람**

영상 미디어 이용 환경		N	%
함께 시청하는 사람	어머니	514	52.0
	형제자매	267	27.0
	혼자 보기	142	14.4
	아버지	45	4.6
	조부모	18	1.8
	기타 어른(베이비시터, 조부모를 제외한 친인척 등)	3	0.3

그림 2-4 **영상 미디어를 함께 시청하는 사람에 따른 이용 조절 행동의 차이**

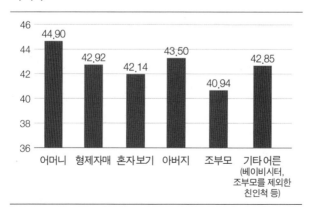

이 가장 높았고(44.90), 다음은 아버지(43.50), 형제자매(42.92), 기타 어른 (베이비시터, 조부모를 제외한 친인척 등)(42.85), 혼자 보기(42.14) 그리고 조부모(40.94) 순이었다. 이용 조절 행동값이 가장 높은 그룹과 낮은 그룹은 약 4점 정도 차이가 있었고, 다른 그룹들 간 차이에 비해 조부모 그룹의 이용 조절 행동값이 눈에 띄게 떨어지는 것을 볼 수 있다.

이처럼 함께 이용하는 사람에 따라 이용 조절 행동값이 달라지는 것은 어린이가 영상 미디어를 이용하는 상황에서 적극적으로 통제하고 감독하는가의 차이에서 기인하는 것으로 추측된다. 즉, 주로 주 양육자인 어머니와 아버지가 어린이와 함께 볼 때는 적극적으로 어린이의 영상 미디어 이용 시간이나 이용량을 통제하는 데 비해 다른 그룹들은 대체로 통제가 적거나 통제를 시도하더라도 부모에 비해 통제력이 약할 가능성이 높다. 또한 이들 그룹들은 영상 미디어를 보면서 상호작용을 하는 정도에 있어서도 차이가 있다. 대체로 부모는 영상을 볼 때 어린이와 상호작용을 하는 경우가 많지만, 혼자 보는 경우나 조부모와 함께 보는 경우는 상호작용이 없거나 적을 가능성이 높다. 특히 눈에 띄는 것은 어린이 혼자서 영상 미디어를 시청할 때보다 조부모와 함께 시청할 때 영상 미디어 이용 조절 행동 수준이 낮다는 것이다. 이는 조부모와 동거하는 가정 내 어린이의 스마트폰 과의존이 높게 나타나고, 조부모가 어린이와 함께하는 시간의 거의 절반 이상 동안 미디어를 시청한다는 선행 연구(김민석·문혁준, 2015; Elias, Nimrod and Lemish, 2019)와 연결시켜 해석이 가능하다. 선행 연구에 따르면, 조부모는 체력적 한계로 인해 어린이를 돌볼 때 동적인 실내외 놀이 활동보다는 함께 미디어 시청하는 것을 선호하는 것으로 나타나고 있다. 또 조부모는 손자·손녀에게 다른 보호자보다 관대한 경향이 있다(김은진, 2021; 이윤진, 2015). 어린이 입장에서 보았을 때, 조부모와 함께 미디어를 시청하는 상황은 보호자의 승인하에 미디어를 이용하고 있는 것으로 인식될 수 있다. 이로 인해 조부모와 함께 영상 미디어를 이용하는 환경에서 이용 조절 값이 더 낮게 나온 것으로 해석할 수 있다.

5. 적절히 통제된 환경이 스스로 조절하는 아이로 만든다

지금까지 살펴본 것처럼, 만 4~6세 어린이의 경우 영상 미디어 이용 환경에 따라 영상 미디어 이용 조절 행동값이 달라졌다. 고정되어 있는 TV에서 OTT를 통해 이용하며, 채널 선택권이 아이에게 없는 경우, 그리고 어머니와 함께 이용하는 경우에 영상 미디어 이용 조절 행동값이 높았다. 상대적으로 스마트폰으로 유튜브를 아이가 스스로 채널을 선택해서 조부모와 함께 보는 환경은 영상 미디어 이용 조절 값이 낮았다. 이를 종합적으로 살펴보았을 때, 선택권이 한정되어 있고, 이용이 적절히 통제된 영상 미디어 이용 환경에서 어린이의 이용 조절 행동값이 높은 것을 알 수 있다. TV는 휴대성이 떨어지면서 개인적으로 이용할 수 없는 미디어 기기이고, OTT는 시청할 프로그램의 선택지가 적고 '선택'이라는 행위를 해야만 시청을 할 수 있는 플랫폼이다. 다른 플랫폼과 비교했을 때 영상 재생의 연속성과 자동 재생 여부에 차이가 있다. 채널 선택권이 어린이에게 없는 것도 어린이에게는 통제된 상황이다. 함께 이용하는 사람을 살펴보았을 때도, 어린이 입장에서 가장 강력하게 지도·감독 행위를 하는 어머니와 함께 이용할 때 이용 조절 행동이 높고, 지도·감독 행위가 없거나 약하게 작동하는 혼자 보기, 조부모와 함께 보기 상태일 때 이용 조절 행동값이 낮았다. 각각의 영상 미디어 이용 상황에 따른 어린이의 영상 미디어 이용 행동의 차이를 보다 면밀히 관찰할 필요가 있지만, 공통적으로 만 4~6세 어린이에게 있어 한정되고 통제된 환경이 이용 조절 행동에 효과적임을 알 수 있다.

이는 부모들에게 있어서도 어린이의 영상 미디어 이용에 대해 관심을 더 많이 기울이고 깊게 관여해야 함을 의미한다. 특히 이전과 달리 어린이의 발달과 교육에 목적이 있는 프로그램이 아닌 단순 유희나 수익만을 목적으로 비전문가가 제작하는 프로그램이 많아진 최근의 미디어 환경을 고려한다면, 부모의 감독과 지도, 통제가 더욱 필요하다. 예를 들어 유튜브에서 볼 수 있는 애니메이션 중에는 기존의 어린이 애니메이션의 캐릭터를 모방해 폭력적이거나 선정적인 콘텐츠를 만드는 경우가 종종 발견된다. 이러한 콘텐츠들은 알고리즘에 의해 유사 콘텐츠로 인식돼 자동 추천되기 때문에, 어린이들이 부지불식간에 유해 콘텐츠에 노출되는 상황이 벌어진다. 또 콘텐츠에 삽입된 상업적 광고나 오락용 콘텐츠의 부적절한 언어 등 부모들이 어린이 영상 미디어 이용에서 우려하는 부분들에 대해 보다 안전한 환경을 만들기 위해서는 부모의 감독이 필수적이며, 이러한 감독과 적절한 통제를 통해 이용 조절 능력을 길러주는 것이 중요하다.

실제로 유엔 아동권리위원회는 2021년 2월 디지털 환경에서의 아동 권리를 다룬 '일반 논평 25호'를 채택했다. 이 지침에는 '모든 어린이의 디지털 환경 접근 보장', '기회 보장과 위험으로부터의 보호', '어린이 당사자의 견해 존중' 등의 내용이 담겼다. 어린이의 영상 미디어 이용을 강력하게 차단하는 것이 아동 권리 침해로 해석되는 상황에서 유해한 콘텐츠에 대한 노출, 그리고 과이용, 과몰입과 중독으로 이어지지 않도록 하기 위해서는 어려서부터 적절한 이용 환경을 조성하는 부모의 노력이 반드시 필요하다.

이 연구는 어린이의 영상 미디어 이용 행동과 관련이 있는 영상 미디어 이용 환경에 초점을 맞추었기 때문에, 부모나 어린이의 특성, 양육 환경의 차이, 영상 미디어 이용에 대한 부모나 아이의 태도 등의 요인은 반영되지 않았다. 이에 어린이의 영상 미디어 이용 조절에 영향을 미치는 다양한 요인들을 고려한 추가 연구가 계속 이뤄져야 할 필요가 있다. 그럼에도 불구하고 이 장은 부모가 어린이의 미디어 이용 조절 행동을 향상시키기 위해 어떠한 미디어 환경을 구축하는 것이 좋을지 구체적이고 실질적인 정보를 제공한다는 점에서 가치가 있다.

참고문헌

경기도여성가족재단. 2020. 「영유아의 과도한 미디어 노출 실태 및 보호대책」. 경기도여성가족협회.

권현경. 2021.5.24. "코로나19 팬데믹 이후 아이들은? '언어와 신체 발달 지연됐다'". ≪베이비뉴스≫. https://www.ibabynews.com/news/articleView.html?idxno=95400.

김민석·문혁준. 2015. 「유아의 스마트폰 사용실태 분석 및 부모 관련 변인 연구」. ≪인간발달연구≫, 22(1), 77~99쪽.

김민희. 2015. 「유아의 자기조절, 어머니의 양육행동과 스마트기기 중독이 유아의 스마트기기 이용에 미치는 영향」. ≪한국보육지원학회지≫, 11(6), 133~151쪽.

김보라·신혜원. 2019. 「유아의 미디어 이용시간 실태와 자기조절력 및 문제행동과의 관계」. ≪한국생활과학회지≫, 28(6), 567~581쪽.

김서희·황성온. 2017. 「유아의 스마트미디어 몰입경향성과 친사회적 행동의 관계에서 자기 조절력의 매개 효과」. ≪Family and Environment Research≫, 55(1), 1~12쪽.

김은진. 2021. 「'유튜브 육아' 연구: 육아 과정에서 어머니의 유튜브 이용과 통제」. ≪지역과 커뮤니케이션≫, 25(3), 41~85쪽.

박영태·이경님. 2011. 「유아의 기질과 어머니의 양육행동 및 교사−유아 관계가 유아의 자기통제에 미치는 영향」. ≪열린유아교육연구≫, 16(1), 235~256쪽.

오주현·박용완. 2019. 「영유아의 스마트 미디어 사용 실태 및 부모 인식 분석」. ≪육아정책연구≫, 13(3), 3~26쪽.

이강유·성동규. 2018. 「유튜브 이용자의 몰입경험과 만족에 영향을 미치는 요인 연구」. ≪한국콘텐츠학회논문지≫, 18(12), 660~675쪽.

이윤진. 2015. 『조부모 영유아 손자녀 양육실태와 지원 방안 연구』. 서울: 육아정책연구소.

장명림·황성온·김미나. 2013. 「2017 유아교육 중장기 발전 방향」. 육아정책연구소 연구보고서.

조상연·소혜진·임성민·고민숙·송길연·문진화. 2018. 「유아 스마트 기기 사용 관련 요

인들과 자기조절 능력 발달과의 상관관계」. ≪대한소아신경학회지≫, 26(3), 135~
145쪽.

한국언론진흥재단. 2020. 「어린이와 미디어 2020」.

허경호. 2003. 「텔레비전시청 조절능력 척도 개발과 타당성 검증」. ≪방송통신연구≫,
271~300쪽.

_____. 2005. 「시청조절 능력과 텔레비전의 이용과 충족」. ≪한국언론학보≫, 49(2), 33~
60쪽.

홍혜경·임경심·김수향. 2014. 「기획주제 학술세미나 1: 기획주제 3—유아발달; 유아의
스마트폰 중독 정도와 자기조절력 및 자아존중감과 관계」. ≪한국유아교육학회
정기학술발표논문집≫, 2014, 188~201쪽.

Bodrova, E. and D.J. Leong. 2006. "Self-regulation as a key to school readiness: how
early childhood teachers can promote this critical competency." in M. Zaslow
and I. Martinez-Beck(eds.). Critical Issues in Early Childhood Professional De-
velopment. Maryland: Paul H. Brookes Publishing.

Brownell, C.A., W. Etheridge, A. Hungerford and S. Kelley. 1997. "Socialization of
self-regulation: continuity and discontinuity over age and context."

Elias, N., G. Nimrod and D. Lemish. 2019. "The ultimate treat? Young Israeli children's
media use under their grandparents' care." Journal of Children and Media, 13(4),
pp.472~483.

Kopp, C.B. 1982. "Antecedents of self-regulation: a developmental perspective." De-
velopmental Psychology, 18(2), pp.199~214.

LaFrance, A. 2017. "The algorithm that makes preschoolers obsessed with YouTube."
The Atlantic. http://www.theatlantic.com/technology/archive/2017/what-yout
ube-reveals-about-the-toddler-mind/534765/#Algorithm%20.

Ponitz, C.C., M.M. McClelland, J.S. Matthews and F.J. Morrison. 2009. "A structured
observation of behavioral self-regulation and its contribution to kindergarten out-
comes." Developmental Psychology, 45(3), pp.605~619.

Poulain, T., J. Ludwig, A. Hiemisch, A. Hilbert and W. Kiess. 2019. "Media use of
mothers, media use of children, and parent—child interaction are related to be-
havioral difficulties and strengths of children." International Journal of Environ-

mental Research and Public Health, 16(23), 4651, pp.1~13.

Radesky, J.S., M. Silverstein, B. Zuckerman and D.A. Christakis. 2014. "Infant self-regulation and early childhood media exposure." *Pediatrics,* 133(5), pp.e1172~e1178.

3장

자녀의 미디어 이용에 대한 부모의 인식 및 대처

한국청소년정책연구원 선임연구위원 | 이창호

이 장은 부모가 자녀의 미디어 이용에 관해 무엇을 걱정하고 우려스러워하는지 통계자료를 통해 제시하고 있다. 또한 가정 내에서 일어나는 부모의 중재 방식에 대해서도 다룬다. 이를 근거로 자녀의 미디어 과다 이용에 대처하는 부모의 자세와 태도를 제시하고 있다. 첫째, 부모는 자녀의 롤 모델이 될 수 있기 때문에 부모 스스로가 미디어 이용에 빠지면 안 된다. 특히 자녀가 보는 앞에서 미디어를 이용하는 것은 삼갈 필요가 있다. 둘째, 부모는 자녀가 어떤 미디어를 이용하고 왜 이용하는지 관심을 가질 필요가 있다. 셋째, 미디어의 부정적 기능뿐 아니라 긍정적 기능에도 주목해 자녀가 미디어를 유용하게 활용할 수 있도록 적극적으로 나서야 한다. 즉, 좋은 콘텐츠를 선별하여 자녀가 미디어를 통해서도 세상을 이해하고 타인과 소통할 수 있도록 해야 한다. 넷째, 규칙의 일관성 유지가 필요하다. 이 외에도 부모와 자녀가 함께 할 수 있는 다양한 온·오프라인 활동을 장려할 필요가 있다.

1. 자녀의 미디어 이용에 대한 부모의 우려

청소년의 미디어 이용이 증가하면서 부모의 걱정도 함께 늘고 있다.

한국청소년정책연구원은 초등학생 고학년 부모를 대상으로 설문조사를 실시하면서, 자녀의 인터넷 사용을 지켜보면서 부모 입장에서 어떤 점이 우려되는지를 질문했다(배상률·이창호·이정림, 2020). 각 문항은 5점 척도 (전혀 우려스럽지 않다=1~매우 우려스럽다=5)로 구성되어 있다. 부모들은 자녀의 건강 문제를 가장 염려했다. 스마트폰을 많이 사용하면 시력이 나빠지고 자세가 안 좋아지며 잠을 제대로 못 자기 때문에 아이의 건강에도

그림 3-1 **자녀의 인터넷 사용 시 우려되는 점**

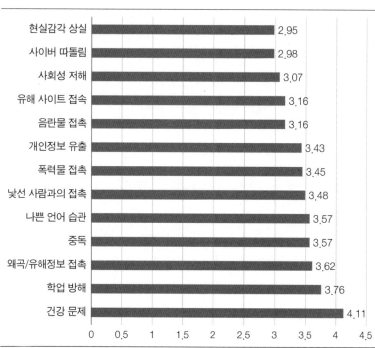

나쁜 영향을 미친다고 생각하고 있다. 두 번째 문제는 학업 방해다. 아이가 미디어를 많이 이용하면 공부할 시간이 그만큼 줄어들기 때문에 스마트폰 이용이 무엇보다도 공부에 방해가 된다는 것이다. 필자는 2021년 11월 한일 청소년 미디어 전문가 포럼을 개최하면서 이 내용을 발표한 적이 있다. 당시 일본 측 참가자가 일본 부모들도 건강 문제를 가장 염려하는데 학업 방해는 그다지 심각한 문제로 생각하지 않는다고 말하면서, 필자에게 왜 한국 부모는 학업 방해를 중요하게 생각하는지 그 이유를 질문한 적이 있다. 이러한 부모의 인식 차이는 교육 환경의 차이에서 비롯되었다고 볼 수 있다. 일본에 비해 우리 사회의 경우 지나치게 교육열이 높고 사교육에 많은 돈을 지출하고 있는 실정이다. 많은 부모들이 자녀가 공부를 열심히 해서 좋은 대학에 가길 바란다. 이러한 부모의 바람 때문에 자녀의 미디어 이용은 시간 낭비이고 쓸데없는 행동이라고 생각하는 부모들이 여전히 많다.

유해정보 접촉, 중독, 나쁜 언어 습관도 부모가 우려하는 중요한 문제로 나타나고 있다. 특히 낯선 사람과의 접촉은 딸을 둔 부모에게서 많이 나타난다. 혹시 온라인 공간에서 이상한 사람을 만나 잘못되지는 않을까 염려하는 것이다. 유해 콘텐츠 접촉도 부모들이 많이 걱정하는 점이다.

2. 자녀의 미디어 이용에 대한 부모의 중재 방식

부모는 자녀의 미디어 이용을 중재하기 위해 다양한 전략을 사용한다. 한국청소년정책연구원이 초등학교 고학년 학부모를 대상으로 한 조사에서 자녀의 스마트폰 이용을 어떻게 중재하는지 질문했다(배상률·이창호·이정림, 2020). 가장 많이 나온 대답은 스마트폰의 장단점에 대해 충분히 설명한다는 것이다. 이어서 규칙을 마련해 최대 이용 시간이나 이용량을 설정한

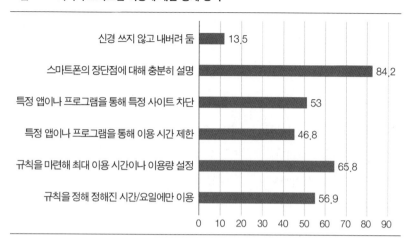

그림 3-2   **자녀의 스마트폰 이용에 대한 중재 방식**

신경 쓰지 않고 내버려 둠	13.5
스마트폰의 장단점에 대해 충분히 설명	84.2
특정 앱이나 프로그램을 통해 특정 사이트 차단	53
특정 앱이나 프로그램을 통해 이용 시간 제한	46.8
규칙을 마련해 최대 이용 시간이나 이용량 설정	65.8
규칙을 정해 정해진 시간/요일에만 이용	56.9

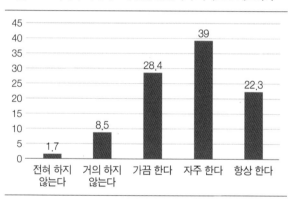

그림 3-3   **아이가 미디어로 무엇을 했는지 주기적으로 체크하기**

전혀 하지 않는다	거의 하지 않는다	가끔 한다	자주 한다	항상 한다
1.7	8.5	28.4	39	22.3

다는 응답이 65.8%를 차지했다. 신경 쓰지 않고 내버려 두는 경우는 13.5%
에 불과했다. 특정 앱이나 프로그램을 통해 이용 시간을 제한하거나 특정
사이트를 차단하는 경우도 많았다.

한국언론진흥재단이 전국에 거주하는 만 3세 이상 9세 이하 어린이(어린

이집, 유치원, 초등학교 저학년)의 보호자를 대상으로 한 조사에서도 아이가 미디어로 무엇을 했는지 부모가 주기적으로 체크하는 경우가 많았다(김수지·이숙정·박민규, 2020).

부모는 자녀의 미디어 이용을 중재하기 위해 다양한 방식을 사용하고 있다. 중요한 것은 자녀가 부모의 전략을 잘 따르도록 하는 것이다. 요컨대 부모와 자녀의 신뢰가 깊지 못하다면 자녀가 미디어 이용에 관한 규칙을 준수하기 어려울 것이다. 선행 연구들은 자녀의 미디어 이용을 방치하기보다는 어느 정도의 적절한 규제와 지도가 필요하다는 것을 보여주고 있다. 특히 자기 조절 능력이 부족한 청소년 시기에는 부모가 자녀의 미디어 이용에 어느 정도 관여하는 것이 필요하다.

3. 자녀의 미디어 과다 이용에 대한 부모의 대처법

디지털 전환이 가속화되면서 미디어를 과다하게 사용하는 아이들이 늘고 있다. 코로나19 팬데믹 상황은 이를 더욱 부추겼다. 그렇다면 부모는 이런 상황에서 어떻게 대처해야 할까?

1) 자녀의 모범이 되자

부모의 미디어 이용은 자녀의 미디어 이용과 관련성이 높다. 부모가 미디어를 많이 이용하면 자녀도 미디어에 빠질 가능성이 크다. 자녀는 부모의 행동을 보고 따라 한다. 따라서 부모가 미디어를 많이 쓰면 자녀도 이를 닮게 되는 것이다. 우리 사회는 스마트폰 보급률이 거의 90%에 육박하기 때문에 청소년뿐 아니라 성인의 과의존 비율도 높은 편이다. 이런 환경에서 살다 보니 부모 또한 스마트폰에 집착하는 경우가 많다. 이런 영향으로 부모와 자녀가 함께 TV를 보는 장면은 이제 더 이상 보기 어려워졌다. 대신 부모와 자녀가 각자의 스마트폰을 보면서 자기 일에 열중인 장면은 흔한 모습이 되었다. 심지어 부모와 자녀가 면대면으로 대화하는 것보다 카카오톡 등을 통해 소통하는 것이 점차 늘어나고 있다.

이런 상황에서 자녀의 미디어 이용을 나무라기에 앞서 부모 스스로 미디어 이용을 되돌아볼 필요가 있다. 이를 위해 미디어 다이어리를 써보는 것도 좋은 방법이다. 많은 부모들이 미디어 다이어리를 작성하면서 자신이 하루에 쓴 미디어 사용량에 놀라곤 한다. 부모가 스마트폰에 집착하면 그 틈을 노려 아이들이 부모 몰래 미디어를 사용할 수 있는 상황이 발생할 수 있다. 또한 자녀에게 신경을 덜 쓰게 되어 자녀를 돌봐주는 시간을 빼앗기게 된다. 특히 아이가 "왜 엄마는 휴대폰을 쓰면서 우리는 못 쓰게 해요"라며 반발할 가능성도 크다. 더구나 부모가 핸드폰에 빠져 있으면 자녀는 부모에게 말 걸기도 힘들고 그만큼 관계가 소원해질 수 있다. 이런 점들을 고려한다면 부모는 되도록 자녀가 보는 앞에서 휴대전화를 사용하는 것을 자제해야 한다. 아이들이 잠든 후나 아이들이 없을 경우에 핸드폰을 사용하는 습관을 길러야 한다. 아이들은 핸드폰을 보고 있으면 뭐든지 하려고 하기 때문에 부모의 미디어 이용 습관은 매우 중요하다.

2) 자녀가 왜 미디어에 집착하는지 이해하려고 노력하자

어렸을 때부터 디지털 기기를 접한 지금의 자녀 세대들은 디지털 원주민이라고 불릴 정도로 디지털 세상에 익숙해 있다. 경기도교육연구원은 관내 중학생들을 대상으로 설문조사를 하면서 취미를 질문했다(조윤정 외, 2020). 핸드폰 보기가 31.0%로 가장 많았고, 게임하기(20.5%), 노래/음악(10.5%),

그림 3-4 학생의 취미

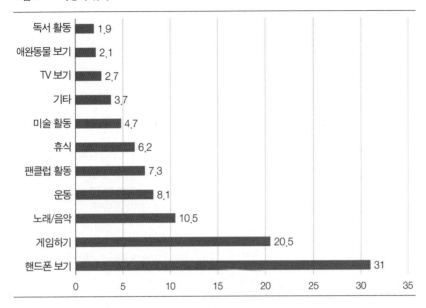

운동(8.1%) 순이었다. 독서라고 응답한 비율은 1.9%에 불과했다. 필자가 어렸을 때만 하더라도 독서가 취미라고 답하는 경우가 많았는데 정말로 격세지감을 느끼지 않을 수가 없다. 이제 스마트폰을 들여다보거나 게임하는 것이 청소년의 주된 취미가 되었다. 이 때문에 자녀가 미디어를 이용하는 것은 취미 생활이자 중요한 여가 생활로 볼 수 있다. 이러한 미디어 환경을 이해하지 않고 자녀의 미디어 이용을 너무 안 좋게 바라보면 자녀와의 소통은 더욱 소원해질 수밖에 없다.

우리나라 청소년의 대부분은 미디어를 통해 스트레스를 해소하는 경향이 강하다. 특히 입시 위주의 교육 환경과 경쟁 중심의 학업 풍토는 청소년에게 많은 스트레스를 준다. 미디어는 청소년의 답답함과 스트레스를 해소해 주는 중요한 탈출구다. 아울러 또래와 소통하고 친구와의 관계를 돈독히 유지하게 하는 매개체이기도 하다. 청소년들은 미디어를 통해 자신들의 일상을 공유하고 정보를 교환한다. 부모는 이런 청소년의 특성을 잘 이해해 자녀와 소통할 필요가 있다. 자녀의 미디어 이용을 곁에서 지켜보면서 아이가 어떤 플랫폼을 즐겨 사용하는지 관심을 가질 필요가 있다. 자녀가 특정 게임을 좋아한다면 그 게임이 어떤 것인지를 공부한 뒤 자녀와 이야기해 보거나 게임을 배워 같이 해보는 것도 좋다.

자녀가 유튜브 영상을 볼 때도 관심을 갖고 곁에서 함께 보는 것도 괜찮다. 처음에는 경계할지 모르지만 이내 자신이 보는 영상에 관해 적극적으로 소개한다. 물론 자녀가 보는 영상이 교육적이지 않다면 왜 이 영상을 봐서는 안 되는지를 차분히 설명해 주어야 할 것이다.

자녀가 관심 있는 콘텐츠를 함께 보거나 관심을 기울이는 것은 자녀와의 소통을 위한 중요한 자세다. 이런 과정을 통해 부모가 아이에게 관심이 많다는 것을 보여줄 수 있는 것이다.

3) 미디어의 긍정적인 기능과 활용에 주목하자

부모들이 자녀의 미디어 이용을 탐탁지 않게 생각하는 것은 잘 알려진 사실이다. 부모들은 자녀가 미디어를 많이 하게 되면 뇌 발달에도 안 좋은 영향을 미치고 어린아이들에게 유해한 콘텐츠라도 접할 수 있지 않을까 염려한다. 또한 폭력적인 게임을 많이 하면 폭력적으로 변하지 않을까 걱정한다. 일반적으로 부모들은 자녀에게 미디어가 미치는 부정적 영향 위주로 이야기를 하는 경향이 있다. 하지만 자녀가 미디어를 이용하는 것이 꼭 낭비적인 것만은 아니다. 아이들은 미디어를 통해 세상과 소통하고 주변 세계를 배운다. 태권도에 관심이 있는 아이는 태권도 관련 영상을 보며 품새를 배우기도 하고 곤충에 관심이 있는 아이는 곤충의 생태계를 보여주는 유튜브를 보며 곤충의 세계를 이해한다. 영어를 배우고 싶은 아이는 펜팔 앱을 통해 외국인과 소통하며 영어를 배울 기회를 확장한다.

필자의 초등학교 5학년 아들은 게임 유튜브 채널을 보며 마인크래프트나 로블록스를 하는 법을 배운다. 특히 아이는 세계 역사에 관심이 많아 유럽, 아시아 역사 채널을 유튜브를 통해 보며 공부한다. 이처럼 유익한 채널을 보는 경우 부모의 반감은 덜한 편이다. 부모는 아이가 뭔가를 배우고 있다는 느낌이 들어 안심을 한다. 얼마 전 이 아이가 유튜브에 콘텐츠를 올리기 시작했다. 피아노를 한참 배우고 있어 피아노 건반으로 요즘 유행하고 있는 〈오징어게임〉의 '무궁화꽃이 피었습니다'를 치는 장면을 10초 내의 영상으로 짧게 올렸다. 물론 유튜브 계정은 필자가 갖고 있기 때문에 필자의 계정에 콘텐츠를 올리고 있는 셈이다. 이런 모습을 보면서 지금 자녀 세대가 유튜브 세대라는 말이 실감이 났다. 아이는 조회 수가 올라가는 모습을 보며 계속해서 피아노를 연습해서 짧은 영상을 올리고 있다. 콘텐츠를 만들어 유튜브에 올리는 것이 아이에게 많은 즐거움을 주고 있는 듯하다. 친구들과도 누가 더 많은 구독자를 가지고 있고 댓글이 달렸는지 경쟁을 하고 있을지도 모르겠다. 아이는 거의 매일 스마트폰을 보며 자신이 올린 유튜브의 조회 수를 확인하고 구독자 수를 점검한다.

부모는 미디어가 가진 부정적 기능 위주로 교육을 할 것이 아니라 미디어의 긍정적 기능에 대해서도 충분히 자녀에게 알려줄 필요가 있다. 특히 유익한 콘텐츠에 자녀가 자주 노출되도록 부모가 신경 쓸 필요가 있다. 부모가 적극적으로 좋은 콘텐츠를 찾아 자녀와 함께 보는 것도 권장할 만하다. 역사적 사실을 알 수 있는 기록물도 좋고 축제의 기원을 소개하는 영상물도 유용하다. 자녀와 함께 시청한 후 내용에 관해 이야기해 본다면 뜻깊은 시간을 보낼 수 있다.

4) 규칙의 일관성을 유지하자

미디어는 이제 청소년에게 일상이자 문화가 되었다. 이런 상황에서 자녀가 미디어를 전혀 못 하게 하는 것은 현실적으로 불가능하다. 이 때문에 많은 가정에서 부모와 자녀가 규칙을 정해 실천하는 경우가 많다. 이때 중요한 것은 부모와 자녀가 충분히 논의한 후 합의하에 미디어 사용에 관한 규칙을 만드는 것이다. 하지만 우리 사회의 현실은 부모가 일방적으로 규칙을 정하는 경우가 많다. 규칙이 정해졌으면 이를 일관성 있게 유지하는 것이 중요하다. 가령 주말 동안 1시간만 게임을 이용하게끔 하는 규칙을 만들었다고 하자. 그런데 주중에 아이가 공부를 열심히 했다고 해서 주말이 아닌 주중에도 일정 시간 게임을 하도록 허용한다면 아이는 향후 이런 요구를 계속할 가능성이 크다. 이렇게 되면 게임 시간 사용 규칙이 흔들리게 돼 지속적으로 유지하기가 어렵다. 일정한 원칙과 규칙을 정했으면 이를 꾸준히 실천하는 것이 중요하다. 미디어 이용에 관한 규칙은 자녀뿐 아니라 부모 역시 지킬 수 있도록 해야 좋다. 함께 실천하는 모습을 보여야 아이가 부모를 믿고 신뢰하며 규칙을 준수하기 위해 노력할 수 있다.

5) 미디어 다이어리를 자녀와 함께 작성해 보자

필자는 2020년 초등학생의 미디어 이용에 관한 연구를 수행하면서 학부모와 자녀 각 20명을 대상으로 인터뷰를 진행한 적이 있다(배상률·이창호·이정림, 2020). 당시 선택사항으로 부모와 자녀가 함께 3일치의 미디어 다이어리를 따로따로 작성하도록 했다. 이 미디어 다이어리(〈그림 3-5〉 참조)는 정보통신정책연구원에서 사용하고 있는 미디어패널조사를 바탕으로 구성되었다(정보통신정책연구원, 2019). 이 다이어리는 하루 동안 자신이 사용한

그림 3-5 **미디어 다이어리**

첫 째 날 : 오 후 ( ) 월 ( ) 일 ( ) 요일

만족도 ①②③④ (① 매우 불만족, ② 대체로 불만족, ③ 대체로 만족, ④ 매우 만족)

시간대		주요 일상생활 시간	미디어 이용 (주로 이용한 미디어)						미디어 이용 (동시에 부수적 이용)					
			매체 종류	미디어/서비스명	누구랑	어디서	이용목적	만족도	매체 종류	미디어/서비스명	누구랑	어디서	이용목적	만족도
12시	12:00-12:15							①②③④						①②③④
	12:15-12:30							①②③④						①②③④
	12:30-12:45							①②③④						①②③④
	12:45-13:00							①②③④						①②③④
1시	13:00-13:15							①②③④						①②③④
	13:15-13:30							①②③④						①②③④
	13:30-13:45							①②③④						①②③④
	13:45-14:00							①②③④						①②③④
2시	14:00-14:15							①②③④						①②③④
	14:15-14:30							①②③④						①②③④
	14:30-14:45							①②③④						①②③④
	14:45-15:00							①②③④						①②③④
3시	15:00-15:15							①②③④						①②③④
	15:15-15:30							①②③④						①②③④
	15:30-15:45							①②③④						①②③④
	15:45-16:00							①②③④						①②③④
4시	16:00-16:15							①②③④						①②③④
	16:15-16:30							①②③④						①②③④
	16:30-16:45							①②③④						①②③④
	16:45-17:00							①②③④						①②③④
5시	17:00-17:15							①②③④						①②③④
	17:15-17:30							①②③④						①②③④
	17:30-17:45							①②③④						①②③④
	17:45-18:00							①②③④						①②③④

미디어를 시간대별로 15분 단위로 기록하는 것으로, 일상생활에서 어떤 장소에서 어떤 기기를 이용하는지 이용자들의 미디어 이용 행태를 한눈에 파악할 수 있다(이금숙·박소현, 2018). 또한 이 안에는 다이어리를 작성한 날의 전반적인 미디어 이용에 대한 느낌이나 소감을 적는 난이 있어 부모와 자녀가 미디어에 대해 어떻게 생각하는지를 파악할 수 있다. 아울러, 부모와 자녀가 구체적으로 어떤 미디어를 어떤 시간대에 사용했는지를 알 수 있다.

부모들은 미디어 이용 시간과 이용 목적 등을 기록하면서 자신들이 너무 과다하게 미디어를 이용하는 것에 놀랐다는 반응을 보였다. 이러한 기록을 처음 해본 부모들이 많아서인지 스스로 미디어 이용 시간을 줄여야겠다고 다짐한 글을 많이 발견할 수 있었다. 또한, 부모들은 아이와 노는 시간을 많이 만들어야겠다고 다짐하기도 했다. 어떤 부모는 아이에게 미디어를 조금만 보라고 하면서 자신이 더 많이 미디어에 노출되어 있다는 것을 알게 되었다며 자신부터 먼저 반성해 미디어 이용을 줄여야겠다고 결심하기도 했다.

이처럼 미디어 다이어리 작성의 효과는 의외로 컸다. 부모와 자녀가 함께 하루 동안 미디어를 얼마나 이용했고 어떻게 이용했는지를 작성함으로써 자신들의 미디어 이용을 돌이켜 보고 반성할 수 있는 계기가 마련되었다.

미디어 다이어리는 부모나 아이들의 미디어 이용 시간과 목적을 다시 한번 되돌아보게 하는 성찰의 기회를 제공했다. 미디어 다이어리를 작성함으로써 자신들이 얼마나 많은 시간을 미디어에 보내고 있는지를 깨닫게 된 것이다. 마치 가계부를 작성하면 자신도 모르게 과다 지출되는 소비 내역을 파악할 수 있듯이 말이다. 따라서, 부모들이 자녀와 함께 미디어 다이어리를 작성해 보도록 작성 요령이나 활용 방법, 기대 효과 등을 교육할 필요가 있다.

가정에서는 자녀의 미디어 이용에 대한 일방적이거나 강압적인 제재보다는 자녀 스스로 미디어 이용을 성찰할 수 있도록 지도하는 것이 좋다. 이를 위한 장치로 미디어 다이어리 작성은 자녀 및 부모 모두에게 긍정적인 기여를 할 수 있다. 지금 당장이라도 아이들과 함께 일주일간의 미디어 다이어리를 작성해 보도록 하자.

6) 자녀와 함께 하는 오프라인 활동을 늘리자

코로나19 이후 원격 수업의 확대로 자녀가 집에 머무는 시간이 늘었다. 즉, 현재 아이들의 경우 예기치 않게 오프라인 공간보다 온라인상에서 보내는 시간이 많아진 것이다. 바깥 활동이 위축되다 보니 친구들과의 관계를 원만히 하기가 어려워졌다. 이런 상황에서 미디어 이용을 둘러싼 가정 내 부모와 자녀의 대립이나 갈등도 점점 심해지고 있다. 집에 있는 시간이 많아지면서 자연스럽게 미디어에 자주 노출될 수밖에 없는 아이들이 바깥으로 잘 나가려고 하지 않는 경향이 두드러지고 있다. 이런 때일수록 바깥에서 놀고 즐기는 여가 활동을 늘려야 한다.

자녀가 미디어를 멀리 하게 만드는 방안 중 하나는 야외 활동이 될 수 있다. 집에만 머물지 말고 바깥바람이나 쐬자고 하면 자녀가 싫어할지 모른다. 하지만 잘 설득해 근처 공원이나 산을 찾아 함께 산책을 하거나 운동을 해보자. 미디어도 한번 빠지면 계속하게 되듯이 운동도 하게 되면 계속하게 된다. 집에만 있으면 핸드폰밖에는 별로 할 것이 없지만 바깥으로 나오면 자전거도 탈 수 있고 배드민턴도 칠 수 있다. 이 시간만큼은 핸드폰에 빠지는 일이 없는 것이다. 부모가 적극적으로 야외 활동 시간을 만들어 미디어 외에도 재미있는 것들이 많이 있다는 것을 자녀가 깨닫도록 돕자.

4. 디지털 시대 좋은 부모 되기

미디어 환경은 급속히 변화하고 있다. 새로운 매체는 하루가 다르게 생겨나고 있어 이를 따라가기에도 역부족이다. 시간이 지남에 따라 부모와 자녀 세대의 디지털 격차는 점차 벌어질 것으로 예상된다. 디지털 원주민인 자녀 세대는 디지털 기기를 능숙하게 다루지만 부모 세대는 그렇지 못하기 때문이다. 부모의 관심과 노력이 없다면 자녀들은 계속해서 미디어에 몰입할 것이고 미디어가 전달하는 세상만을 실제 세상이라고 믿을 가능성이 크다. 따라서 부모는 달라진 세상을 인정해야 하고 자녀가 디지털 환경에서 자라날 수밖에 없다는 점을 받아들여야만 한다. 다시 말해, 부모가 어렸을 때 자랐던 환경의 틀 속에서 자녀가 살고 있는 세상을 바라보아서는 안 된다는 것이다. 그러므로 디지털 시대 좋은 부모가 되기 위해서는 있는 그대로의 현실을 인정하는 것이 중요하다. 결국 부모의 관점이 아니라 자녀의 관점에서 자녀의 미디어 이용을 들여다보고 이해하는 것이 필요하다. 요컨대, '아이들이 왜 밖에서 놀지 않고 집에서 게임만 할까'라고 고민하기보다는 이들 세대에게는 게임이 매우 중요한 놀이라는 것을 알아차리는 것이 필요한 것이다. 요즘 세대의 아이들은 밖에서 노는 것보다 집에 틀어박혀서 게임을 하는 것이 훨씬 재미있다. 게임을 모르면 친구와 대화하기도 힘들고 어울려 지내기도 어려운 것이 현실이다. 공부를 잘하거나 운동을 잘하는 아이가 인기가 있듯이 게임을 잘하는 아이도 인기가 많다.

디지털 시대의 아이들에게 미디어가 제공하는 세계는 현실 세계만큼이나 중요하다. 이제 자녀의 미디어 이용을 막을 수는 없다. 디지털 시대의 아동 권리가 중요해지고 있는 최근의 추세를 부모들은 인정할 필요가 있다. 자녀가 적절하게 미디어 이용을 하도록 하는 것은 부모의 시대적 책임이다. 다만 이 과정에서 지나치게 자녀의 미디어 이용을 제한하거나 통제하는 것은 바람직하지 못하다. 자녀의 미디어 이용 일거수일투족을 체크하고 감시하기보다는 미디어 이용에 관한 규칙을 함께 만들어 이를 실천하는 것이 더 바람직하다. 물론 때로는 강압적으로 자녀의 미디어 이용을 통제할 경우도 발생한다. 하지만 부모 중재의 궁극적 목표는 자녀가 스스로 미디어 이용을 통제할 수 있도록 하는 것이다. 부모와 자녀가 논의하여 정한 미디어 규칙을 잘 준수하도록 하고 더 나아가 자녀가 스스로 미디어 이용을 통제할 수 있도록 하는 것이 디지털 시대 부모의 역할인 셈이다.

참고문헌

김수지·이숙정·박민규. 2020. 『2020 어린이 미디어 이용조사』. 서울: 한국언론진흥재단.
배상률·이창호·이정림. 2020. 『청소년 미디어 이용 실태 및 대상별 정책대응방안 연구 I: 초등학생』. 세종: 한국청소년정책연구원.
이금숙·박소현. 2018. 「스마트매체와 결합된 일상 활동장소 정보를 이용한 도시 이동성 변화: 미디어패널조사 미디어다이어리 데이터를 토대로」. ≪대한지리학회지≫, 53(5), 745~760쪽.
정보통신정책연구원. 2019. 「2019 한국미디어패널조사」(정책자료 19-10-02).
조윤정·서성식·염경미·이은혜·임고운. 2020. 『중학생의 생활과 문화연구』. 수원: 경기도교육연구원.

| 4장 |

부모 미디어 리터러시 교육의
국내외 사례와 과제

㈜도서출판 지금 대표이사, 언론학 박사 ㅣ 김지연

이 장은 부모 미디어 리터러시 교육의 개념 정의와 범주화로부터 논의가 시작된다. 우선 '부모'는 자녀의 양육자이자 개별적 정체성을 가진 독립적 존재로 취약 계층을 포함한다. 또한 부모 미디어 리터러시 교육은 역량 증진의 교육이 되어야 하며, '교육의 대상'은 자녀와 부모 본인 모두를 포함하고, 생애 주기에 따라 교육이 진행되어야 한다. 문헌 연구로 자녀의 미디어 이용 연구와 부모의 미디어 리터러시 교육 연구를 살펴보았으며, 실제 국내외에서 어떻게 진행되고 있는지 탐색했다. 해외 선진국 사례로 미국, 영국, 핀란드, 호주를 살펴보았는데, 자녀의 연령대별, 주제별 교육 자료가 세부적으로 제공되었으며, 포용 사회와 생애 주기를 고려한 사례도 확인할 수 있었다. 한국은 정부 부처나 기관별로 자료들이 분산되어 있고 아직 프로그램도 많지 않은 상태다. 이에 자녀의 연령과 미디어 이용에 따라 부모 미디어 리터러시 교육 프로그램을 개발해야 할 것이다. 더 나아가 디지털 환경에서 자녀와 함께 미디어 이용 경험을 공유하며 상호작용 하는 열린 디지털 페어런팅을 제언한다.

1. '부모 미디어 리터러시 교육'의 개념 정의와 범주화

바야흐로 디지털 대전환 시대다. 디지털 시대 미디어는 기회와 위험을 모두 가져다주지만 이제까지 부모는 주로 자녀의 미디어 이용 시간을 통제하고 미디어 과의존이나 중독을 예방하는 차원에서 미디어 교육을 진행해 왔다. 그러나 코로나19로 인해 원격 수업의 비중이 커지고 소셜미디어나 유튜브 영상과 같은 디지털 미디어를 접할 기회가 커지면서 자녀의 디지털 미디어 이용 시간은 크게 늘어났고, 이를 접하는 연령도 점차 낮아지고 있다. 그런데도 한국 청소년들의 디지털 정보 문해력, 즉 디지털 리터러시가 경제협력개발기구(OECD) 국제학업성취도평가(PISA)에서 최하위를 기록했다는 사실은 실로 놀랍지 않을 수 없다.

그렇다면 왜 부모 미디어 리터러시 교육이 필요한가? 교육의 대상은 누구이고, 어떤 방법으로 교육이 이루어져야 하는가? 이에 대한 방향을 찾기 위해 이 장에서는 부모 미디어 리터러시 교육의 현장을 국내외 사례 중심으로 살펴보고자 한다. '부모 미디어 리터러시 교육'에서는 세 가지 차원의 개념적 정의를 논의할 수 있다.

첫째, '부모'의 범주다. 이제까지 '부모'는 '학부모'와 거의 동일시되어 왔다. 그러나 학교 밖 청소년이나 한부모 가정, 조손 가정 등을 고려할 때 포용 사회를 위한 보다 포괄적 의미의 '부모' 개념으로 설정해야 할 것이다. 또한 부모는 자녀와의 상호 관계를 전제하기 때문에 자녀의 양육자(보호자)이자 개별적 정체성을 가진 독립적 존재다.

둘째, '미디어 리터러시'에 대한 개념적 정의다. 미디어 리터러시는 '미디어들을 비판적으로 이해하고, 창의적으로 구성·제작·비평하며, 능동적이고 혁신적으로 이용 및 참여를 행하는 역량'(강진숙 외, 2019)을 의미한다. 기존의 미디어 교육이 기술 습득에 치중되어 있다면, 미디어 리터러시는 역량 중심의 교육이 되어야 하며, 비판적 이해나 사회 참여 역량도 함께 고려되어야 할 것이다. 이는 교육의 방법과도 맥을 같이한다.

셋째, '교육'의 대상과 범위다. '교육의 대상'은 우선 '자녀 지도'를 위한 부모 교육이 되어야 하고, 부모의 미디어 이용이나 리터러시 능력이 자녀의 미디어 이용과 리터러시 능력에도 영향을 미칠 수 있기 때문에 디지털 시대에 부합하는 '부모 자신'을 위한 교육이 이루어져야 한다. 이는 '영유아, 초등·중등·고등학생'으로 성장해 가는 자녀, 생애 주기에 따라 살아가는 부모를 모두 포함한다. 또한 자녀와 부모 모두 취약 계층을 고려해야 한다. 교육의 불평등, 미디어 접근권을 포함한 디지털 격차가 디지털 시대에 더욱 심화되어 사회적 불평등을 고착화하기 때문이다. 그리고 '교육의 범위'는 온·오프라인 학습을 모두 포함하므로 디지털 페어런팅(digital parenting, 디지털 부모 교육)도 부모 교육의 방법이라 할 수 있다.

2. 문헌 연구를 통한 이론적 논의

부모의 역할은, 첫째 미디어 교육자로서 자녀의 미디어 이용 현황을 알고 올바른 미디어 이용 습관과 역량을 개발시켜 주는 것, 둘째 미디어 학습자로서 부모 본인도 올바른 미디어 이용과 역량 개발을 통해 자녀의 모델이 됨으로써 부모-자녀 간 의사소통과 유대감을 높여주는 것이다. 이에 선행 연구도 자녀의 미디어 이용과 부모의 미디어 교육이라는 두 가지 측면에서 살펴보도록 한다.

1) 자녀의 미디어 이용 연구

부모가 자녀의 미디어 교육자로서 역할을 수행하기 위해서는 연령에 따른 아이들의 미디어 이용 특성과 이용 습관을 알아야 한다. 2020년 어린이 미디어 이용 조사에 따르면, 만 2세 미만 어린이 중 약 60%는 텔레비전을, 30%는 스마트폰을 접한다(김영주 외, 2020). 또한 초등학생의 미디어 이용 연구에 따르면, 초등학생은 유튜브를 가장 오래 이용하고, 그중에서도 게임을 가장 즐긴다(배상률·이창호·이정림, 2020). 코로나19로 온라인 개학이 진행 중인 때, 충북 초·중·고 학생들의 미디어 이용 문화를 조사 분석한 연구에서도 학생들은 디지털 미디어의 이용 빈도와 의존 경향이 높은 것으로 나타났다(변숙자, 2021). 최근 청소년 미디어 이용 행태 분석에 따를 때, 낮은 연령대에서 스마트폰과 모바일 서비스의 이용 빈도가 높고, 여전히 초·중·고등학생 모두 게임 콘텐츠를 가장 많이 이용하는 것으로 나타났다(하승희, 2022.8.15).

하지만 초등학생 자녀가 유튜브를 통해 부적절한 콘텐츠를 이용하는 것을 미리 방지하고 있는 학부모는 절반에 미치지 못했고(배상률·이창호·이정림, 2020), 청소년들의 미디어 리터러시 역량과 미디어 문화를 반영한 미디어 리터러시 교육은 아직도 부족한 상황이다. 특히, 코로나19로 인해 온라인 접속과 미디어 이용 시간이 늘어남에 따라 자녀의 미디어 교육은 학교와 가정의 공동 책임이 되었다. 이에 전문가들은 초등학생의 건강한 미디어 이용 습관과 미디어 리터러시 함양을 위해서는 부모도 건강한 미디어 이용 습관을 가져야 한다고 강조했다. 부모를 위한 미디어 교육을 강화하고, 부모와 자녀가 함께 하는 활동들을 활성화하며, 각자의 미디어 이용을 확인할 수 있는 일기장을 작성해 볼 것을 제안했다(배상률·이창호·이정림, 2020).

2) 부모의 미디어 리터러시 교육 연구

부모의 미디어 이용 행태는 자녀의 미디어 이용 시간과 이용 습관, 숙련도에 영향을 미치지만, 실제 연구는 많이 부족한 상태다. 자녀의 연령에 따라 미디어 이용이 다르기 때문에 유아기와 청소년기로 구분하여 각각 부모의 미디어 리터러시 교육 연구가 어떻게 진행되었는지 대표 사례를 통해 살펴보도록 한다.

유아기 부모의 미디어 리터러시 교육 연구

미디어 이용 연령은 점차 낮아지는 반면 이용량은 급증하고 있고, 어머니의 미디어 리터러시가 유아에게도 영향을 미치기 때문에 유아의 건강한 스마트 미디어 이용 지도를 위해 부모의 미디어 리터러시 교육은 더욱 중요해지고 있다. 최근 유아기 자녀를 둔 부모 미디어 리터러시 교육 관련 연구들은 주로 스마트 미디어와 부모의 미디어 리터러시 능력, 중재 방식에 집중되고 있다.

유아의 적절한 미디어 이용 지도를 위해 유아에게 미디어를 제공하는 양육자의 교육이 우선적으로 선행되어야 한다는 연구 결과(서은정·마정미, 2021)나, 미디어 리터러시 자체에 대해서는 유치원 교사와 학부모들의 인지도가 매우 낮았지만 교육의 필요성과 중요성은 매우 높게 인식한 연구 결과(조재희·이재은·정선임, 2021)를 분석해 볼 때, 유아 부모들은 부모 미디어 리터러시 교육의 중요성은 인지하나 미디어 리터러시가 무엇이고 어떻게 교육받아야 할지는 잘 알지 못한다고 할 수 있다. 따라서 부모 미디어 리터러시 교육 프로그램의 적극적인 개발과 홍보가 필요하고, 국가 차원의 가이드라인이 제공되어야 할 것이다.

이에 부모가 가정에서 자녀와 함께 해볼 수 있는 교육 프로그램을 소개

표 4-1 **'그림책으로 하는 유아 미디어 리터러시 교육 프로그램'의 활동 내용**

도서명(출판사)	부모와 함께 하는 활동	미디어 리터러시 영역
『그래, 책이야』 (문학동네)	• 집에 있는 미디어에 스티커 붙이기 • 컴퓨터 탐구생활 • 그림책 탐구생활	미디어 이용 미디어 창의적 생산
『오오오!』 (키즈엠)	• '오'로만 말해요 • 그림책 동영상 만들기 • 가족이 만든 그림책 동영상 감상하기	미디어 이해 미디어 이용 미디어 창의적 생산
『집 안에 무슨 일이?』 (올리)	• 세모·네모로 보는 세상 • 주제를 담은 사진 찍기	미디어 이해 미디어 이용 미디어 창의적 생산
『오케스트라』 (한솔수북)	• QR 코드로 음악 듣기 • 나만의 QR 코드 만들기 • QR 코드 만들어 공유하기 • 오케스트라 연주 검색해서 듣기	미디어 이용 미디어 이해
『디지톨』 (스콜라)	• 가족 미디어 규칙판 만들기	미디어 건강 미디어 창의적 생산
『눈이 바쁜 아이』 (올리)	• 스마트 체조하기 • 우리 가족 스마트 체조 영상 만들기 • 체조 영상 친구에게 소개하기	미디어 건강 미디어 창의적 생산
『아주 작고 슬픈 팩트』 (라임)	• 요즘 이런 가짜뉴스가 있어 • 우리 가족 팩트 수색대 놀이	미디어 이용 미디어 윤리
『별일 없는 마을에 그냥 웜뱃』(달달북스)	• 우리 집 SNS 만들기 • 착한 댓글 달기 놀이	미디어 건강 미디어 윤리

자료: 조재희·이재은·정선임(2021: 173).

한다. 조재희·이재은·정선임(2021)은 유아 수준에 맞는 미디어 리터러시 교육 커리큘럼을 개발하여 이를 적용한 그림책 활용 교육 프로그램을 설계하고, 교사와 학부모가 각각 교육 현장과 가정에서 실천할 수 있도록 지도안과 가이드라인을 제공했다(〈표 4-1〉). 부모가 자녀와 함께 해당 프로그램에서 제안한 놀이를 하며 미디어 리터러시 역량을 키우는 것으로, 유아기에는 부모의 역할, 특히 부모와의 상호작용이 더욱 중요하다는 점에서 실천적 유용성을 제공한다. 가정에서 내 자녀(유아)에게 미디어 리터러시 교육을 해보고 싶다면 이 프로그램을 활용해도 좋을 것 같다. 한국언론진흥재단 사이트에서 이 연구보고서의 제목을 검색하면 내용을 확인할 수 있다.

이 외에도 부모의 미디어 리터러시가 높을수록 유아기 자녀의 자기조절력과 사회적 유능감에도 긍정적인 영향을 미치는 등(강승옥, 2021), 대부분의 선행 연구들이 부모의 미디어 리터러시가 유아에게도 영향을 미치기 때문에 유아의 건강한 스마트 미디어 이용을 지도하기 위해서는 부모 대상의 미디어 교육 프로그램을 개발할 것을 강조한다(윤보람·이영신, 2020). 특히 2021년 2월 4일에 채택된 '유엔 아동권리위원회 일반논평 제25호'에도 명시한 것처럼, 디지털 환경에서 아동의 권리를 실현하기 위해서는 가정의 미디어 리터러시 교육이 중요하며, 보호주의적 관점의 육아 담론에 대한 재검토가 필요하다. 또한 코로나19에서 비롯된 교육 격차나 디지털 격차는 사회적 불평등으로 확대될 수 있으므로 특수교육이 필요한 어린이, 취약계층의 부모도 미디어 교육의 당사자로 포함시켜야 한다.

청소년기 부모의 미디어 리터러시 교육 연구

정현선 외(2021)는 디지털 네이티브로 불리는 10대 청소년의 미디어 교육을 지원하기 위해 부모들이 주도적으로 참여하여 경험을 공유하고 일련의 부모 미디어 교육 프로그램을 개발하는 연구를 진행했다. 청소년기의 특성과 미디어 이용 현황을 파악함으로써 자녀의 미디어 이용을 이해하고 상호 열린 소통으로 부모와 자녀가 함께 디지털 미디어를 안전하고 건강하게 이용하는 것이다. 이는 팬데믹 시대, 부모와 자녀 모두의 미디어 리터러시 역량을 강화하고 자녀의 디지털 미디어 이용에 부모 역할을 강조하는 디지털 페어런팅의 발전을 이끌어냈다. 디지털 페어런팅은 자녀의 건강한 디지털 사용을 위해 미디어 이용 규칙을 같이 정하고 함께 지켜나가는 방식을 말한다.

앞선 연구들을 종합해 보면, 디지털 세대인 자녀의 미디어 이용을 무조건 통제하기보다 부모와 자녀가 각자의 미디어 이용에 대해 대화하고 상호 작용 하면서 가족 간 미디어 이용 규칙이나 미디어 이용 일기장을 통해 함께 실천할 것을 강조한다. 한편 부모도 자녀의 보호자이면서 개인적 정체성을 가지기 때문에 교수자와 학습자 위치에서 생애 주기별로 맞춤형 지원이 필요하다(김기수 외, 2021). 또한 학부모 지원이 지역별, 대상별, 학교별 차이가 있기 때문에 포용 중심의 정책이 필요하며, 학부모-학교-지역사회가 협력하여 학부모를 지원해야 한다.

3. 부모 미디어 리터러시 교육의 해외 사례

정현선 외(2020)의 해외 선진국 사례 연구를 참고하여 관련 웹사이트들의 최신 내용을 업데이트하고 교육 프로그램의 내용에 중점을 두어 살펴보고자 한다.

먼저 미국은 학부모 단체와 민간 전문 단체들, 공공 도서관에서 부모 미디어 리터러시 관련 자료를 지속적으로 제공하고 있는데, 대표적으로 미디어리터러시교육 전국연합(National Association for Media Literacy Education: NAMLE), 가족 온라인 안전기구(Family Online Safety Institute: FOSI), 미국소아과학회(American Academy of Pediatrics: AAP), 코먼센스미디어(Common Sense Media)를 들 수 있다. 우선 미디어리터러시교육 전국연합은 회원이 가장 많으며, 다양한 자료를 누구나 사용할 수 있는 웹사이트다. 부모는 자녀의 건강한 미디어 이용을 위해 '가짜뉴스', '광고', '오리지널 콘텐츠', '사기(scams)'를 제시하면서 예컨대 "이게 왜 만들어졌을까?", "누가 만들었을까?", "무엇이 빠졌나?", "다른 사람들은 그것을 어떻게 해석할 수 있지?",

그림 4-1　미국의 부모 미디어 리터러시 교육 관련 사이트

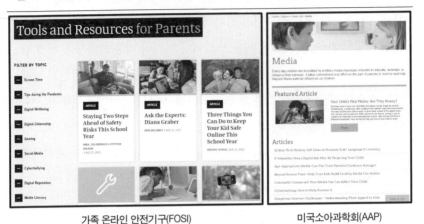

가족 온라인 안전기구(FOSI)　　　　　미국소아과학회(AAP)

자료: (왼쪽) FOSI; (오른쪽) AAP.

"어떤 기술이 사용되고 이유는 무엇일까?", "누가 이 메시지로 이익/피해를 볼까?"를 자녀에게 질문할 것을 안내한다. 둘째, 국제 비영리 단체인 가족 온라인 안전기구는 디지털 페어런팅을 위해 주제별(스크린 타임, 팬데믹 기간 동안의 팁, 디지털 웰빙, 디지털 시민성, 게임, 소셜미디어, 사이버불링, 디지털 평판, 미디어 리터러시)로 자료와 영상을 제공한다. 셋째, 미국소아과학회는 '건강한 아이들(HealthyChildren.org)'이라는 사이트를 통해 연령에 맞는 미디어 이용을 위한 부모 지도 등급 가이드, 사이버불링 예방법, 가족 미디어 이용 계획(Family Media Plan) 수립 방법과 같은 미디어 이용 수칙을 세부적으로 제시함으로써 자녀가 미디어를 스마트하고 안전하게 이용할 수 있도록 부모에게 다양한 가이드라인을 제공한다. 마지막으로, 코먼센스미디어는 부모들에게 엔터테인먼트 유형별(영화, TV, 도서, 게임, 팟캐스트, 앱, 웹사이트 등) 콘텐츠에 대한 정보(연령 및 시청 가이드 등)와 평가(리뷰, 베스트작, 선정작)를 구체적으로 제공하고, 연령별(2~4세, 5~7세, 8~9세, 10~12세, 13세 이상), 주제별(광고, 스크린 타임, 학습, 소셜미디어, 스마트폰, 사이버불

그림 4-2 **영국의 부모 미디어 리터러시 교육 관련 사이트**

디지털 미래를 위한 부모 교육   디지리티

자료: (왼쪽) LSE; (오른쪽) DigiLitEY.

링, 게임, 온라인 안전, 인종과 민족 등), 플랫폼별(틱톡, 스냅챗, 마인크래프트, 로블록스, 포트나이트, 유튜브 등)로 알아두면 좋은 정보와 Q&A 자료들을 맞춤형으로 제시한다. 자녀들이 비판적으로 사고하고 긍정적·창의적으로 그리고 안전하고 책임감 있게 미디어를 이용하면서 디지털 시민성을 키울 수 있도록 다양한 활동자료들과 가족 미디어 계약(Family Media Agreement)을 제공한다. 이 외에 다문화가족 자녀, 장애 아동을 위한 미디어 교육 자료들도 지원하고 있는데, 2025년까지 디지털 격차를 해소해 나가며 다양성과 형평성, 포용성을 약속한다.

영국도 다양한 미디어 교육기관들이 부모를 위한 교육 자료들을 적극 개발 중이며, 대표적으로 런던정경대학교(London School of Economics and Political Science: LSE)와 디지리티(DigiLitEY)를 들 수 있다. 우선 런던정경대학교 미디어커뮤니케이션학부는 '디지털 미래를 위한 부모 교육(Parenting for a Digital Future)'이라는 블로그를 통해 위험과 기회가 공존하는 디지털 시대에 자녀를 키우는 데 도움이 될 만한 미디어와 디지털 리터러시 교육에 관한 연구 자료, 뉴스, 정보들을 지속적으로 제공하고 있다. 다양한 사회경제적 지위의 부모, 유아부터 10대까지의 자녀들을 양육하는 부모 관련 연구를 바탕으로 하며 디지털 페어런팅, 디지털 시대의 가족생활과 디지털 불평등, 장애, 디지털 학습, 디지털 시민성을 위한 부모 역할에 대해 자료를 제공한다. 또한 유럽연합의 유아·어린이 디지털 리터러시 연구 네트워크인 '디지리티'는 '부모(8세 이하 자녀)를 위한 디지털 시대의 스마트 육아 방법 가이드'를 5단계로 제시했다. 우선 아이의 디지털 세계를 알고, 자녀와 디지털 경험을 형성·공유하며 함께 디지털 활동을 하고, 온라인에서 건강하고 안전하게 지낼 수 있도록 온·오프라인의 균형을 유지하면서 참여한다. 그리고 자녀의 연령을 고려하며 디지털 환경으로 인한 위험과 기회에 지속저으로 관심을 기울이면서 다른 부모나 전문가의 지원을 받을 것을 당부한다.

핀란드는 기본권 보장 차원에서 미디어 리터러시 교육이 전방위로 이루어지며, 부모 미디어 리터러시 교육도 정부 부처 간 협력을 기반으로 연구기관과 대학교, 지방자치단체, 학교 및 학교 밖, 도서관에서 활발하게 진행되어 왔다. 아동 인권 보호 목적의 '아동 복지를 위한 만네르하임 리그(Mannerheim League for Child Welfare: MLL)'는 임신한 예비 부모 및 영유아, 초·중등 자녀를 둔 부모의 미디어 교육을 진행하고 있다. 또한 MLL의 '부모넷'은 어린이의 성장과 발달, 현재 문제에 대한 정보를 제공하고 교육을 지원한다. 웹사이트에서는 연령대별(0~1세, 1~2세, 2~3세, 3~4세, 4~5세, 5~6세, 6~7세, 7~9세, 9~12세, 12~15세, 15~18세), 주제별(성격/사고/도덕성/신체/성적 발달과 이를 지원하는 부모, 미디어 사용 등) 교육 자료를 제공한다. 아이의 연령에 맞게 관련 미디어 리터러시 교육 자료가 촘촘히 연결되어 있다. 디지털 시대 자녀가 영유아, 아동, 청소년일 때 미디어 환경과 미디어 이용은 어떠한지, 그리고 부모이자 교육자로서 어떻게 미디어 리터러시 교육을 진

그림 4-3   핀란드의 '아동 복지를 위한 만네르하임 리그'가 제공하는 자료 표지

「디지털 시대의 아기와 유아」   「어린이와 미디어」   「청소년과 미디어」

자료: MLL.

행해야 하는지, 아울러 디지털 시대 부모로서 나는 어떤 미디어 교육자인
지 테스트하는 코너도 마련되어 있다. '부모넷'이 제공하는 자료인 「디지털
시대의 아기와 유아」(〈그림 4-3〉)에서는 0~3세 영아기 자녀를 둔 부모를 위
한 정보가 포함되어 있는데, 부모의 소셜미디어에 자신의 아이를 공유하는
셰어런팅(sharenting)에 대해 어린이의 디지털 안전과 보안 측면에서 문제
를 제기한다. 그리고 '디지털 시대 어린이 및 청소년의 교육자(부모)'로서,
자녀의 미디어 이용을 이해하고, 안전하고 긍정적인 미디어 이용을 위해
어떻게 교육할지에 대해 각각 일곱 가지 팁을 제공한다. 또한 '디지털 시대
의 부모'가 가정 내 미디어 리터러시 교육을 위해 자녀에게 미디어 이용 경
험을 묻고 듣고 관심을 가지며 토론하는 등 열 가지 학습 팁을 제안한다.
즉, 부모는 자녀의 미디어 이용에 본보기가 됨을 기억하고 자녀가 균형 잡
힌 미디어 생활을 할 수 있도록 지도하며, 신뢰를 구축하고, 사생활을 존중
하며, 미디어 경험을 함께 공유할 것을 제시한다. 또한 '우리 가족의 미디
어'에서는 자녀만큼이나 부모의 미디어 이용 시간과 습관이 중요하기 때문

에 부모가 모범이 되어야 함을 강조한다. 그리고 가정에서 자녀의 미디어 이용 습관이 어떻게 형성되어 있는지 살펴보고, 부모와 함께 미디어 이용 규칙을 정하고 지켜나가며 미디어를 통해 부모-자녀 간 상호작용과 대화가 이루어질 때 가족 관계는 강화될 수 있다고 서술한다. 부모의 지원과 원활한 의사소통은 디지털 시대 자녀의 미디어 교육자로서 부모 역할을 수행하는 데 핵심 동력이 된다. 한편 '부모넷'에서는 다른 부모와 전화, 채팅, 온라인 편지를 할 수 있고, 지역의 가족 카페나 다양한 부모 그룹을 통해 다른 부모들과 토론하고 경험을 공유하며 부모-자녀 간 관계를 강화할 수 있고, 다문화가족 부모와 의사소통을 할 수 있다.

호주는 정부가 지원하는 육아 정보 네트워크(Raising Children Network)와 온라인안전국(eSafety Commissioner) 웹사이트를 들 수 있다. 우선 육아 정보 네트워크에서는 '임신 중'부터 아이의 발달단계 및 장애 등을 고려하여 '태아, 신생아, 아기, 아장아장 걷는 아이, 취학 전 아동, 학령기, 10대 직전 어린이, 10대, 성인기, 자폐, 장애'로 카테고리를 세분화하고 맞춤형 정보와 영상들을 제공하고 있다. 〈그림 4-4〉의 오른쪽 사진은 부모가 사이버불링을 당한 10대 자녀와 대화를 나누며 지지하는 영상이다. 영상 스크립

그림 4-4 **호주의 육아 정보 네트워크 웹사이트**

자료: raisingchildren.net.au.

그림 4-5　호주의 온라인안전국 웹사이트

자료: eSafety.

트도 제시하고 있어 접근성이 용이하고 사이버불링에 대한 영상과 정보들
이 다양하게 업로드되어 있다. 이와 같이 각 범주별 특징과 의사소통 방식,
부모 가이드, 관심 주제들이 세부적으로 제시되어 있으며, 연령에 맞는 미
디어 이용에 대해서도 영상과 자료들을 담고 있다. 또한 '자폐'와 '장애'는
연령과 유형별로 세분화되어 있고, '성인'에는 다양한 가족의 형태(한부모
가정, LGBTIQ 가정 등)를 포함함으로써 다양성과 포용성을 지닌 부모 교육
이 연령별·계층별·생애 주기별로 비교적 생활 전 영역에 걸쳐 제공되고 있
음을 확인할 수 있다. 또한 호주의 중앙정부 산하기관인 온라인안전국 웹
사이트(www.esafety.gov.au) 내 부모 섹션에서는 '주요 이슈들(사이버불링,
온라인 포르노, 누드와 섹스팅 보내기, 스크린 타임, 온라인 게임, 원치 않는 접촉
과 그루밍), 기술과 조언, 5세 미만 어린이들'에 대해 다루고 있다. 특히 5세
미만 자녀를 위해 가정에서 활용할 수 있도록 '가족 기술 계약(Family Tech
Agreement)'을 제공하고 있고, 연령대가 다른 어린이에게 적합한 규칙을 결
정할 수 있도록 견본 서식이 업로드되어 있다. 또한 '다양한 그룹들(diverse
groups)' 섹션에서는 다문화, 장애인, 성소수자와 같이 인종, 종교, 문화적

배경, 성별, 성적 취향, 장애 및 정신 건강상 소외되기 쉬운 다양한 취약 계층 사람들이 디지털 격차나 온라인 피해를 받지 않도록 지원하고 있다.

4. 부모 미디어 리터러시 교육의 국내 사례

한국은 미디어 교육 소관 부처나 기관들이 분산되어 있고 공유 시스템도 마련되어 있지 않다. 코로나19로 인해 원격 수업이 진행되면서 현행 미디어 교육 유관 기관들은 다양한 대상별·수준별 미디어 교육 콘텐츠와 온라인 플랫폼을 자체 개발·구축하고 있으며, 가정의 역할이 커짐에 따라 부모 미디어 리터러시 교육도 확대되고 있다. 정부 부처별 현황을 살펴보면 다음과 같다.

1) 교육부 및 시·도 교육청, 학부모지원센터 등

교육부는 학생들이 체계적인 미디어 교육을 받을 수 있도록 교육부-시·도 교육청-학부모가 함께 만드는 미디어 교육을 제시했다. 또한 학교 미디어 교육 지원 플랫폼인 '미리네'를 구축하여 미디어 교육 콘텐츠를 개발·보급하고 있다. 이 외 시·도 교육청과 교육지원청은 학부모지원센터, 한국언론진흥재단, 지역 시청자미디어센터 등과 함께 부모 미디어 교육을 진행하고 있다.

국가평생교육진흥원 전국학부모지원센터는 학부모의 자녀 교육 역량을 강화하고 교육 참여 활동을 지원하기 위해 학부모 지원 정책 기반 조성, 시·도 학부모지원센터 지원, 학부모 교육 자료 개발, 온라인 교육과정 운영 및 교육 정보 제공 등의 업무를 수행하고 있다. 특히 자녀 교육과 관련된 다

그림 4-6 학부모On누리의 학부모 미디어 리터러시 교육 자료 표지

「클릭! 미디어 리터러시」 　　　　「디지털 페어런팅」 　　　　「'4차 산업혁명 시대' 우리 아이
　　　　　　　　　　　　　　　　　　　　　　　　　　　　　　　어떻게 키울까요?」

자료: 학부모On누리.

양한 학부모 교육 자료를 개발하고 언제 어디서나 학습할 수 있도록 '학부모
On누리'를 통해 온라인 교육과정을 운영하고 있다. 이 사이트에는 부모 미
디어 리터러시 교육과 관련된 다양한 자료와 교육 콘텐츠들이 업로드되어
있는데,「클릭! 미디어 리터러시」와「디지털 페어런팅」, 4차 산업 관련 콘
텐츠들을 들 수 있다(〈그림 4-6〉).「클릭! 미디어 리터러시」는 청소년 세대
의 특징과 미디어 이용 특성 및 습관, 미디어 교육의 국내외 사례, 학교·부
모·가정이 행해야 할 미디어 리터러시 교육에 대해 다루고 있다. 특히 '학
부모를 위한 미디어 리터러시 실천'(11쪽)을 '미디어의 이해, 이용, 소비, 생
산' 측면에서 지도 매뉴얼로 소개했는데, 세부 내용은 〈표 4-2〉를 참조하기
바란다. 이 외에도 적정한 미디어 교육 시점, 유아부터 고등학생까지 맞춤
형 미디어 교육, 스마트폰 활용 가이드, 가정에서의 학부모 미디어 리터러
시 가이드, 유튜브 촬영 가이드라인, 게임 이용 지도 방법, SNS 이용 시 주
의할 내용들, 가짜뉴스 판별 가이드 등이 자세히 설명되어 있다.「디지털

페어런팅」은 '인터넷 잘 시작하기, 인터넷 잘 사용하기, 인터넷 잘 끝내기'의 목차로 되어 있다. 우선 인터넷을 왜 하는지, 그리고 인터넷 사용 규칙이 왜 필요한지, 사용 규칙을 가정 내에서 어떻게 만들면 되는지, 이의 실천 방식은 어떠한지 살펴보고, 자녀와 부모, 가족 모두가 어떤 규칙을 만들면서 잘 끝낼 수 있을지 직접 써볼 수 있도록 구성했다. 4차 산업혁명과 관련해 「4차 산업혁명 시대 미래 진로직업교육」에서는 미래 사회에서 요구되는 인재상과 핵심 역량에 대해 서술했고, 「4차 산업혁명 시대' 우리 아이 어떻게 키울까요?」에서는 신문 활용 수업, 미디어 리터러시 교육의 필요성과 해외 사례들, 주요 역량별 자녀와 함께 하는 미디어 리터러시 교육 활동 사례들을 소개했다. '학부모On누리 〉 자료마당 〉 센터발간자료 〉 교육자료'에서 이 내용들을 확인할 수 있다.

2) 문화체육관광부: 한국언론진흥재단, 국립중앙도서관

문화체육관광부 산하기관인 한국언론진흥재단은 유해한 미디어 환경으로부터 자녀를 보호하는 기존의 미디어 교육 차원에서, 이제는 급변하는 미디어를 제대로 읽고 쓰고 말하며 활용할 수 있는 능력을 키우는 미디어 리터러시 교육의 필요성을 인식했다. 자녀의 연령별 특성과 미디어 이용상 특징을 고려하여 「학부모를 위한 미디어 리터러시 실천·지도 매뉴얼」(박점희, 2018)을 제시했으며 내용은 〈표 4-2〉와 같다.

한국언론진흥재단은 '학부모 대상의 미디어 리터러시 교육'을 매년 단독 혹은 지원 실시하고 있다. 2022년에는 학부모 대상 '2022 6쾌한 미디어 교육'(6.22~29, 6차시)을 단독으로 실시했고, 국립중앙도서관과 협력 사업으로 '초·중등 자녀를 둔 학부모를 위한 미디어 리터러시 아카데미'(6.8~17, 6차

표 4-2 **학부모를 위한 미디어 리터러시 실천·지도 매뉴얼**

영역	지도 가이드	내용
미디어 이해	• 미디어의 정의를 알려주세요.	미디어의 정의
	• 아이들이 친숙한 미디어의 특징을 살펴보세요.	미디어의 특징과 성질
미디어 이용	• 디지털 미디어 이용의 허용 시기를 고민해 보세요.	디지털 미디어의 노출과 소비 습관
	• 미디어 활용 연령별 가이드라인을 지켜야 합니다.	연령에 따른 디지털 미디어 등급
	• 공교육에서 지도하는 미디어 리터러시에 관심 가져 주세요.	학교에서 배우는 미디어와 가정에서 할 수 있는 미디어
미디어 소비	• 미디어의 순기능을 알고 사용하게 해주세요.	미디어의 순기능
	• 미디어의 역기능을 이해하고 바로 사용할 수 있도록 지도해 주세요.	미디어의 역기능
미디어 생산	• 미디어를 생산할 때에는 '미디어의 생산 과정, 가짜뉴스, 타인의 사생활과 초상권 침해' 등에 주의하도록 지도해 주세요.	미디어 생산자의 유의사항과 자가 점검
	• 미디어 콘텐츠에 저작권이 있음을 알려주세요.	미디어 저작권 보호
	• 미디어로 미래를 탐색해 볼 수 있으며 진로에 도움이 될 수 있다는 것을 알려주세요.	미디어로 미래 사회를 읽고 직업 탐구하기

자료: 박점희(2018).

시)를 열었다. 주로 '미디어 이해하기, 미디어 메시지에 담긴 편견과 차별, 사실과 허구의 구별, 유튜브 리터러시, 가정에서의 미디어 교육'을 수업 내용으로 하고 있다.

또한 공공 도서관, 시·도 교육청, 대학교, 사회복지관, 지역아동센터, 다문화가족지원센터, 각 지역 신문사나 건강가정지원센터 등이 다양한 연령과 계층을 대상으로 미디어 교육 평생교실을 지원하고 있다. 이로써 '미디어교육 운영학교'에 선정된 학교의 학부모를 대상으로, '학부모 미디어 교육 연수지원 공모사업'에 선정된 각 시·도 학부모지원센터 및 교육지원청의 관내 학부모를 대상으로 미디어 리터러시 교육이 실시되었다. 서강대학교 미디어교육연구센터는 한국언론진흥재단의 지원을 통해 부모 미디어 리터러시 교육을 활발히 진행하고 있다. 2021년에는 대학·지역사회 연계 미디어 리터러시 프로그램 지원사업으로 선정되어 '뉴스, SNS, 게임으로 부모-자녀 소통하기'(2021.7.20~8.12. 8차시)를 진행했고, 2022년에는 미디어 가정 인증 프로그램으로 선정되어 '아빠와 엄마가 함께하는 미디어 리터러시 교육'(2022.6.25~7.30. 6차시)을 실시했다. 모두 부모 참여형 실시간 온라인 교육이었고, '뉴스 리터러시, SNS/유튜브/게임 활용, 부모-자녀 간 상호작용 하며 미디어 이용 습관 형성하기'를 교육 내용으로 했다. 부모-자녀의 상호작용에 기반하고, 학교-학부모-지역사회를 연결했다는 데 큰 의미가 있다.

한편, 한국언론진흥재단은 미디어 교육 전문 포털 사이트 '포미(FORME)'를 구축하여 수업지도안을 제공한다. 그중 학부모 대상의 수업지도안은 '초등학교/중학교/고등학교'에 따라 세부적으로 분류되어 있다. 수업지도안 주제별로 학습 목표와 학년별 학습 대상 그리고 활동 방향이 구체적으로 제시되어 있고 각각 활동지와 길라잡이, 예시 답안까지 제공되어, 가정에서도 부모들이 미디어 교육을 할 수 있다. 고등학생 학부모 대상의 수업지도안으로는 '디지털 시대의 뉴스 읽기', '데이터주권', '뉴스 큐레이션', '세계민주시민' 등이 있으며 뉴스 리터러시 역량 강화에 특화되어 있다. 효과적인 학습을 위해 학습 주제와 관련된 신문 기사나 영상이 주어지고 '이해, 분석, 활용'의 다양한 측면에서 직접 답안지를 작성하거나 의견을 나누는 방식으로 진행된다. '포미 〉 수업지도안 〉 학부모용 〉 고등학교'에서 관련 학습 자료들을 확인할 수 있다.

국립중앙도서관 등도 부모를 위한 미디어 교육 프로그램을 제공하는데, 국립어린이청소년도서관은 매월 부모를 위한 독서문화 온라인 강좌를 열고 있다. 2022년은 'AI시대에 맞는 창의융합 독서교육'을 주제로 진행되었으며 주로 문해력을 높이는 데 중점을 두었다. 미국이나 핀란드의 경우 학교뿐 아니라 도서관, NGO, 청소년센터에서 청소년 미디어 교육이 활발하게 이루어지고 있는 점을 벤치마킹하여, 도서관이나 청소년 시설 등이 독립적으로 또는 아웃리치 활동을 통해 정부 부처 산하 각 지역 미디어 교육센터나 지방자치단체와 연계하여 부모 미디어 교육을 실시한다면 지역별 교육 격차도 줄이고 미디어 교육 프로그램을 지역에 맞게 활용할 수 있을 것이다. 이런 의미에서 정부 부처나 기관별로 산재해 있는 미디어 리터러시 교육 프로그램을 하나의 통합된 온라인 플랫폼으로 구축하고, 학습 주제와 학습 대상을 고려한 세부적인 교육 프로그램, 수업지도안과 활동지 등의 다양한 수업 자료들이 지속적으로 개발·공유될 것을 제언한다.

3) 방송통신위원회: 시청자미디어재단

방송통신위원회 산하기관인 시청자미디어재단은 전국 시청자미디어센터 10곳을 비롯한 온·오프라인에서 다양한 맞춤형 미디어 교육을 제공하고 있다. 2022년 시청자미디어센터의 학부모 미디어 교육 프로그램은 크게 두 가지인데, 하나는 자녀도 같이 참여하여 체험하는 것이고, 다른 하나는 학부모 대상의 특강 형태였다. 부모 참여형 미디어 교육 프로그램이 증가하고 있음은 주목할 만하다.

비대면 시대를 맞아 방송통신위원회는 시청자미디어재단과 함께 언제 어디서든 다양한 미디어 리터러시 교육을 제공하고자 '미디온(mediOn)'을 구축했다. 시청자미디어재단 홈페이지는 물론 지역센터와 연계하여 부모 미디어 교육이 온라인 혹은 온·오프라인 혼합 형태로 진행되기도 한다. 〈표 4-3〉의 경기센터 교육은 미디온에서 실시간 온라인 화상 강의(김현주 강사)로 진행되었다. 아직 프로그램 수는 많이 부족하지만 다양한 대상에

표 4-3   **2022년 지역별 시청자미디어센터의 학부모 미디어 리터러시 교육**

지역	주제	실시	교육 내용
경기	우리 아이 디지털 미디어 행덕을 만들자!	• 6.25	• MZ세대의 디지털 미디어, 뺏지 말고 소통하라
		• 7.23	• 디지털 미디어, 문제는 '효능감'이다
		• 8.12	• 우리 아이, 디지털 미디어 행덕(행복한 덕후) 만들자
		• 9.17 (1차시)	• 아름다운 디지털 미디어 세상, '밥상머리' 교육이 필요하다
광주	학부모 & 자녀가 함께하는 '미디어 동상이몽'	• 8.18~19 • 8.25~26 (2차시)	• 우리 가족 미디어 습관 되돌아보기 • 유튜브 밸런스 게임, 디지털 디톡스 • 미디어 합성 썸네일 기획, 미디어 동상이몽
부산	'Z세대' 우리 아이가 쓰는 미디어 이해하기	• 8.24~26 (3차시)	초·중·고 자녀를 둔 학부모 대상 특강 • 요즘 아이들(Z세대)의 SNS 사용법 이해하기 • 유튜브 콘텐츠 바르게 읽기 • 우리 가족 숏폼 콘텐츠 만들기

맞춤형으로 제공된다면 전 국민의 디지털 미디어 역량 강화에 기여할 것이다. 이로써 소외 계층을 포함하여 오프라인 수강이 어려운 부모들의 디지털 격차 해소에 도움을 주고, 생애 주기별 맞춤형 교육이 가능하며, 지역사회나 지역 미디어 교육기관과의 협업도 원활히 이루어질 것으로 기대한다. 이 외에 시청자미디어재단의 미디어 교육 전문지인 ≪미디어리(MEdiary)≫도 다양한 교육 소식과 국내외 동향을 제공하는데 이 웹진을 통해 가정에서 미디어 리터러시 교육을 학습할 수 있다.

4) 소외 계층 부모 대상의 미디어 교육

코로나19로 인해 원격 수업이 본격화되었지만 장애 청소년, 다문화가족 청소년, 학교 밖 청소년과 같이 취약 계층의 청소년들은 아직도 교육의 사각지대에 놓여 있다. 더욱이 취약 계층 부모들의 미디어 리터러시 교육은 사례를 찾아보기 어렵다. 시청자미디어재단은 미소-이음 프로젝트를 통해 장애인, 다문화가족, 북한이탈주민 등 디지털에 취약한 계층과 학교 밖 청소년을 대상으로 미디어 교육을 진행하고 있으나 열악한 교육 환경 속에서 부모 미디어 리터러시 교육을 기대하기는 역부족이다. 그러나 소외 계층이 올바르게 미디어를 이용하고, 미디어를 통해 재현되는 사회적 소수자들에 대한 편견과 선입견을 비판적으로 이해하며, 디지털 시민성을 키우기 위해서는 부모와 가정의 역할, 무엇보다 국가 차원의 가이드와 교육 정책이 절실히 필요하다.

장애 청소년인 경우, 정체성 형성과 또래 관계 증진을 도모할 수 있도록 미디어 이용이 이루어져야 한다. 특히 청소년기에 나타나기 쉬운 디지털 성범죄를 예방할 수 있도록 장애 유형과 특성에 맞는 미디어 리터러시 교육이 가정에서부터 장애 청소년과 부모 모두에게 이루어져야 한다. 그동안 정부와 관련 부처, 공공기관, 지방자치단체들이 장애인들에게 유용한 정보를 제공하기 위해 인터넷 사이트를 개설하는 등 노력을 기울여 왔다. 시청자미디어재단의 미디온에서는 「소외계층(발달장애) 대상 미디어교육 프로그램 개발 연구」(이정은 외, 2021)를 제공하고 있고, 한국언론진흥재단의 포미에서도 장애학생 대상의 교육 자료를 제공하고 있다. 또한 교육부 산하 국립특수교육원은 '장애학생 교수·학습 지원 사이트'들을 통해 장애학생의 학습권 보장과 온라인 학습 지원을 위해 장애 유형·정도를 고려한 학습 자료를 업로드하고 있다. 하지만 자료가 여러 곳에 산재해 있고 장애 유형에 따라 불균형적으로 제공되고 있기 때문에, 통합 정보 플랫폼을 구축하여 정보 접근성을 높이고 다양한 교육 자료들을 지속적으로 개발해야 할 것이다. 특히 호주의 육아 정보 네트워크 웹사이트처럼 장애 자녀의 유형별, 연령별, 주제별 정보를 하나의 플랫폼에 구축할 필요가 있다. 또한 장애 자녀의 부모 혹은 부모가 장애 당사자인 경우 개별적인 미디어 이용부터 미디어 리터러시 역량 개발에 이르기까지 장애 유형에 따른 특성을 고려하여 미디어 교육 프로그램이 세부적으로 제공되어야 한다.

다문화가족 대상의 정보화·미디어 교육은 찾아보기 어려웠는데, 학교 미디어 교육 지원 플랫폼 미리네에서 제공하는 소수의 수업 자료(미디어 재현, 세계시민), 지역별 건강가정·다문화가족지원센터에서 '다문화가정 정보화교육'의 일환으로 진행하는 컴퓨터 기초 교육이나 영상 제작 교육 정도를 들 수 있다. 교육 내용도 미디어 리터러시 역량을 키우기에는 부족했고 단발성 교육에 머물렀다.

학교 밖 청소년을 위한 미디어 리터러시 교육은 주로 꿈드림센터나 스스로넷 등에서 제공되고 있지만 부모 대상의 미디어 리터러시 교육 사례는 거의 찾을 수 없었다. 소외 계층의 미디어 접근권을 보장하고 디지털 포용을 실현할 수 있도록 온·오프라인 교육이 맞춤형으로 제공되어야 할 것이다.

5. 부모 미디어 리터러시 교육의 과제 및 제언

이제까지 살펴본 문헌 연구와 국내외 사례 연구를 종합해 보면 다음과 같이 요약할 수 있다. 첫째, 부모 미디어 리터러시 교육은 자녀 지도와 부모 자신을 위한 교육이 균형적으로 이루어져야 하고 연령별, 생애 주기를 고려하여 지속적으로 진행되어야 한다. 둘째, 디지털 격차를 해소하고 포용 사회를 이루기 위해 자녀와 부모의 범주에 취약 계층과 미디어 소수자들을 포함해야 한다. 자녀는 디지털 환경에 취약하거나 학교에서 소외될 수 있는 장애 청소년, 다문화가족 청소년, 북한이탈 청소년, 학교 밖 청소년, 위기 청소년, 저소득층 청소년, 농·산·어촌 청소년 등을 포함하며, 부모도 '학부모'에 국한하지 말고 비교적 돌봄 환경에 취약한 장애인, 다문화 그리고 다양한 형태의 '한부모 가정·맞벌이 가정·조손 가정'의 부모를 포함해야 한다. 셋째, 디지털 대전환 시대를 맞이하여 자녀와 부모 모두 현대사회의 필수 역량인 미디어 리터러시 역량, 특히 디지털 역량을 강화하는 방향으로 교육이 이루어져야 한다. 이때 자녀는 연령에 따라 보다 비중 있게 강조되는 역량이 다를 수 있으므로 연령과 수준에 맞춘 미디어 리터러시 역량 강화 교육이 진행되어야 한다. 넷째, 자녀 지도를 위한 부모 미디어 리터러시 교육을 진행하는 경우 자녀의 연령대에 맞는 발달 상황과 특징을 이해하고 아이의 미디어 이용 시간과 미디어 이용 습관에 맞는 교육 프로그램을 운영해야 한다. 다섯째, 자녀의 미디어 이용이나 이용 경험에 대해 묻고 듣고 관심을 가지며 토론하면서 상호작용을 한다면, 부모-자녀 간의 신뢰감과 유대 관계가 잘 형성될 것이다. 또한 부모의 미디어 이용 행태와 습관이 자녀에게도 영향을 미침으로써 부모 자신이 미디어 이용의 본보기가 된다는 사실을 명심해야 한다. 따라서 가족 간의 미디어 이용 규칙이나 미디어 이용 일기장(계획서)을 같이 작성하고 지켜나간다면 가족 구성원 모두가 건강하고 균형 잡힌 일상생활을 할 수 있을 것이다. 여섯째, 미디어 교육은 일상생활의 일부이고, 부모의 생애사적 관점에서 접근할 필요가 있기 때문에 학교와 가정을 넘어서서 지역사회의 다른 교육 주체들과도 서로 긴밀하게 협력해야 한다. 즉, 정부 부처의 강력한 가이드라인을 기반으로 하되 학교와 공공 도서관, 대학 연구소 등의 다양한 교육기관, 학부모 단체, 지역사회가 상호 협력해 나갈 때 보다 실효성 있게 진행될 수 있다.

마지막으로, 부모 미디어 리터러시 교육의 과제와 대안적 방안을 서술하고자 한다. 첫째, 핀란드의 아동 복지를 위한 만네르하임 리그(MLL)나 호주의 육아 정보 네트워크는 자녀의 연령과 발달단계에 따라 세부적으로 분류하고 미디어의 이용 특성에 맞는 교육 자료를 촘촘히 연결했다. 특히 호주는 장애까지 범주화함으로써 생애 주기와 계층별 분류를 모두 고려하는 등 다양성과 포용성을 지향하고 있다. 우리나라는 부모 미디어 리터러시 교육 프로그램이 많지 않고 정부 부처별로도 온라인 플랫폼이 분리되어 있다. 영유아, 초·중·고등학생, 취약 계층 청소년의 특성들이 반영되고 미디어 교육 자료가 맞춤형으로 세분화된 통합 플랫폼이 필요하다. 또한 현재 아이들의 미디어 이용 현황 등을 반영한 미디어 리터러시 교육 프로그램이 개발되어야 할 것이다. 그리고 핀란드의 MLL 내 부모넷과 같이, 다양한 부모 그룹과 의사소통하면서 서로의 교육 경험을 공유할 수 있는 플랫폼 개발도 필요하다. 디지털 환경에서 자녀와 함께 미디어 이용 경험을 공유하며 상호작용 하는 열린 디지털 페어런팅을 기대한다.

참고문헌

강승옥. 2021. 「부모의 미디어 리터러시가 유아기 자녀의 자기조절력과 사회적 유능감에 미치는 영향」. 숭실대학교 대학원 석사학위 논문.

강진숙·배현순·김지연·박유신. 2019. 「미디어 리터러시 교육과정 운영을 통한 시민역량 제고 방안 연구」. 교육부.

교육부 국립특수교육원. 2022. https://www.nise.go.kr/main.do?s=nise (검색일: 2022. 9.15).

김기수·김병준·김현정·황성희. 2021. 「학부모 생애주기별 맞춤형 지원 방안 연구」. 국가평생교육진흥원.

김영주·김수지·이숙정·박민규. 2020. 『2020 어린이 미디어 이용 조사』. 서울: 한국언론진흥재단.

미디온. 2022. https://edu.kcmf.or.kr (검색일: 2022.9.15).

미리네. 2022. http://www.miline.or.kr (검색일: 2022.9.15).

박점희. 2018. 「학부모를 위한 미디어 리터러시 실천·지도 매뉴얼」. 한국언론진흥재단.

배상률·이창호·이정림. 2020. 『청소년 미디어 이용 실태 및 대상별 정책대응방안 연구 I: 초등학생』. 세종: 한국청소년정책연구원.

변숙자. 2021. 「초·중·고 학생의 미디어 이용 양상 및 미디어 리터러시 교육에 관한 인식 분석」. ≪리터러시연구≫, 12(3)(통권 41호), 89~121쪽.

서은정·마정미. 2021. 「유아의 동영상 콘텐츠 이용과 양육자의 미디어 리터러시」. ≪한
국소통학보≫, 20(3), 123~160쪽.

시청자미디어재단. 2022. "미디어리". https://kcmf.or.kr/cms/mediaryLiter/mediaryLit
erList.php?menuIdx=23 (검색일: 2022.9.15).

윤보람·이영신. 2020. 「어머니의 미디어 리터러시가 유아의 이야기 이해력에 미치는 영향:
어머니의 스마트미디어 중재의 매개효과」. ≪유아교육연구≫, 40(6), 105~130쪽.

이정은·김병련·조은지·윤혁. 2021. 「소외계층(발달장애) 대상 미디어교육 프로그램 개
발 연구」. 시청자미디어재단.

정현선·심우민·윤지원·김광희·최원석. 2020. 『청소년 미디어 이용 실태 및 대상별 정책
대응방안 연구 I: 초등학생—해외사례 조사』. 세종: 한국청소년정책연구원.

정현선·조병영·권은선·김광희. 2021. 『청소년 미디어 이용 실태 및 대상별 정책대응방
안 연구 II: 10대 청소년—청소년 미디어 교육 지원을 위한 부모 참여 중심 소셜리
빙랩 운영 방안』. 세종: 한국청소년정책연구원.

조재희·이재은·정선임. 2021. 「유아 대상 미디어 리터러시 교육 방안 및 커리큘럼」. 한
국언론진흥재단.

포미. 2022. https://www.forme.or.kr (검색일: 2022.9.15).

하승희. 2022.8.15. 「알파 세대의 등장과 미디어 이용행태 분석」. ≪KISDI STAT Report≫,
22(15).

학부모On누리. 2022. http://www.parents.go.kr (검색일: 2022.9.15).

Common Sense Media. 2022. https://www.commonsensemedia.org/articles (검색일:
2022.9.4).

MLL. 2022a. https://www.mll.fi/en/ (검색일: 2022.9.7).

_____. 2022b. "Vanhemmille." https://www.mll.fi/vanhemmille/ (검색일: 2022.9.7).

NAMLE. 2022. "Building healthy relationships with media: a parent's guide to media
literacy." https://namle.net/wp-content/uploads/2022/06/220348-NAMLE-Pare
nt-Guide-202200619-2A3.pdf (검색일: 2022.9.4).

그림 출처

〈그림 4-1〉

FOSI. "Tools and Resources for Parents." https://www.fosi.org/tools-and-resources-fo
r-parents (검색일: 2022.9.4).

AAP. "HealthyChildren.org." https://healthychildren.org/English/family-life/Media/P
ages/default.aspx (검색일: 2022.9.4).

〈그림 4-2〉

LSE. "Parenting for a Digital Future." https://blogs.lse.ac.uk/parenting4digitalfuture/ (검
색일: 2022.9.7).

DigiLitEY. https://digilitey.sites.sheffield.ac.uk (검색일: 2022.9.7).

〈그림 4-3〉

MLL. "Vauvana ja taaperona digiajassa." https://cdn.mll.fi/prod/2020/12/22122302/mll_
vauvataapero_esite_a5_web.pdf (검색일: 2022.9.7).

_____. "Lapsi ja media: 7 vinkkiä digiajan kasvattajalle." https://cdn.mll.fi/prod/2021/
02/01102629/mll-lapsi-ja-media_2021_www.pdf (검색일: 2022.9.7).

_____. "Nuori ja media: 7 vinkkiä digiajan kasvattajalle." https://cdn.mll.fi/prod/2021/
02/01103148/mll-nuori-ja-media_2021_www.pdf (검색일: 2022.9.7).

〈그림 4-4〉

raisingchildren.net.au. https://raisingchildren.net.au (검색일: 2022.9.8).

_____. "Cyberbullying: talking with teenagers." https://raisingchildren.net.au/teens/vi
deos/cyberbullying (검색일: 2022.9.8).

〈그림 4-5〉

eSafety. "eSafetyparents." https://www.esafety.gov.au/parents (검색일: 2022.9.8).

〈그림 4-6〉

학부모On누리. 「클릭! 미디어 리터러시」. http://www.parents.go.kr/open_content/up
load/2020/06/03/BBS_202006030130274460/index.html (검색일: 2022.9.8).

_____. 「디지털 페어런팅」. http://www.parents.go.kr/open_content/upload/2020/0
4/27/BBS_202004270332336422/index.html (검색일: 2022.9.8).

_____. 「'4차 산업혁명 시대' 우리 아이 어떻게 키울까요?」. http://www.parents.go.kr/
open_content/upload/2018/12/05/BBS_201812050212090750/index.html (검
색일: 2022.9.8).

| 5장 |

게임하는 아이와
화내지 않고 소통하는 방법

이락디지털문화연구소 소장 | 이장주

게임 산업은 매년 시장이 커가는 성장 산업일 뿐 아니라 다른 산업과 연관을 통해 확장

되어 가고 있다. 자녀들의 원만한 성장과 진로에도 밀접한 관련이 있는 게임을 부모들이

효과적으로 지도하는 지혜가 필요하다. 하지만 일상에서 게임을 하는 자녀를 보고 있는

부모는 한심함이나 화를 자주 경험하게 되며 이런 정서는 자녀의 게임 이용뿐 아니라 부

모 자녀 관계에도 악영향을 미친다. 왜 이런 현상이 발생하는지에 대해 부모의 입장에서

분석하고, 이를 극복하기 위해 부모가 알아야 할 지식으로, 자녀들이 게임을 하는 동기

의 다양성, 게임 이용의 남녀의 성차, 게임 욕구에 대한 인정, 게임을 통한 공동주의(joint

attention) 방법을 제시했다. 이후 일상생활에서 게임 지도에 활용할 수 있는 팁으로, 게

임 시간을 정할 때 효과적인 방법, 약속한 게임 시간을 못 지킬 때의 대처 방법, 그리고

자녀가 즐기는 게임을 알고 싶을 때 정보를 얻는 법 등에 대해 소개했다.

한국콘텐츠진흥원(2021)에 따르면, 2021년 기준 10~20대 청소년들의 90% 이상이 게임을 즐긴다. 더군다나 코로나19로 인한 외부 활동의 제약으로 실내에 머무르는 시간이 늘면서 남녀노소를 불문하고 70%가 넘는 국민들이 게임을 즐기는 것으로 나타났다. 이런 경향은 국내를 넘어 전 세계적으로 나타나는 공통적인 현상이다. 게임이 2021년까지 매년 10%가량 성장하는 고성장 고부가가치 산업이 된 이유가 바로 여기에 있다.

요즘 전 세계의 트렌드를 이끄는 빅테크 회사들은 너나없이 게임에 투자를 하기 바쁘다. 2022년 초 마이크로소프트는 스타크래프트, 디아블로, 오버워치 등으로 잘 알려진 액티비전블리자드라는 게임사를 687억 달러(약 82조 원)에 인수했다. 참고로 이번 일은 정보기술(IT) 산업 역사상 최고가의 인수·합병 금액이 오간 거래로 알려졌다. 더군다나 마이크로소프트는 게임기 엑스박스를 판매 서비스하고 있으며, 엘더스크롤로 유명한 제니맥스 미디어 등 인기 타이틀 보유 게임사를 인수한 바 있다. 이런 마이크로소프트가 합병 직전 액티비전블리자드 주가보다 약 45% 높은 가격을 지불했다는 점은 게임에 대한 강력한 의지를 엿볼 수 있는 부분이다. 이런 상황에 대해서 영국의 ≪파이낸셜타임스≫는 "게임이 빅테크 기업의 새로운 전쟁터가 될 것"이라고 논평한 바 있다(*Financial Times*, 2022. 1. 22).

아마존도 마찬가지다. 1998년 세가, 닌텐도 등의 게임을 판매하면서 게임 산업과 연을 맺은 후 2012년에는 게임 스튜디오 '아마존 게임즈'를 설립하면서 본격적인 게임 비즈니스를 시작했다. 그 후 2021년 아마존 게임 스튜디오가 개발한 뉴월드는 출시 첫날 동시 접속자 70만 명을 기록하기도 했다. 이는 2021년 출시된 게임 중 최고 기록이자 스팀 역사상 다섯 번째로 높은 기록이다. 게임사가 아닌 유통회사가 게임에 얼마나 진심으로 공을 들였는지를 보여주는 사례라고 할 수 있다.

구글과 애플도 비슷한 양상으로 게임에 투자를 아끼고 있지 않다. 심지

어 2020년 9월 테슬라는 재미있는 자동차를 만들기 위해서라며 게임개발
자 구인 광고를 내기도 했다. 또 스포츠 용품업체 나이키와 패션 기업 구찌
는 로블록스에 '나이키랜드'와 '구찌가든'이란 이름으로 진출하여 청소년들
의 주목을 끌기 위해 안간힘을 쓰고 있다. 이제 게임은 단순히 게임사의 서
비스를 넘어 전방위적으로 확산되고 있는 양상이다(이장주, 2021).

왜 게임의 확산이 가속화되는지는 기술의 속성을 통해서 잘 알 수 있다.
첨단 기술은 생산성을 높인다. 기술로 인해 높아진 생산성은 사람의 노동
력과 시간을 덜어주며, 이렇게 남는 시간을 보낼 수 있는 서비스와 비즈니
스가 각광을 받게 되는 것은 너무도 당연한 일이다. 20세기에 들어서서 프
로스포츠와 영화 산업 그리고 음반 및 공연 산업이 성장한 것은 생산력을
향상시킨 기술 덕분이었다. 3차 산업혁명이라는 컴퓨터 혁명과 함께 등장
한 것이 바로 게임 산업이다. 컴퓨터 CPU와 GPU, 메모리, 모니터 등의 성
능과 용량이 향상될수록 게임은 더욱 다양하고 흥미로운 방향으로 발전하
고 있으며, 게임의 발전은 더욱더 발전된 컴퓨터의 성능과 통신 환경을 요
구하여 인공지능의 기반이 되기도 했다. 이런 흐름을 볼 때, 4차 산업혁명
으로 등장하게 될 엄청난 성능의 인공지능 로봇이 대중화되려면 사람에게
이전에 없던 흥미진진한 게임을 제공하고 그 게임의 상대가 될 때 가능할
수 있을 것이라는 추측이 가능하다.

세상이 옛날로 돌아가지 않는 한 게임이 점점 더 산업과 문화에서 중요
한 지위를 점할 것이 분명하다는 사실은 역사적으로나 세계를 이끄는 기업
가들의 투자를 통해서도 알 수 있다. 좀 더 확장해서 생각해 보면, 이는 게
임이 우리 아이들의 일자리와도 밀접하게 연계되었다는 뜻이기도 하다. 아
이가 좋아하는 게임을 말리기보다는 그 게임을 통해서 아이가 무엇을 경험
하고 무엇을 얻었는지에 관심을 두고 소통하는 부모가 좋은 관계를 형성할
뿐 아니라 미래에 자녀들이 더 나은 진로를 찾는 데도 도움이 될 것이란 점

은 분명하다.

우리 아이들이 커서 잘되기를 바라지 않는 부모는 없을 것이다. 하지만 대부분의 부모들은 그게 잘 안 된다. 왜 그럴까? 그 이유를 살펴보고 게임을 즐기는 아이들과 원만하게 소통하며 이들을 4차 산업혁명의 인재로 키워낼 수 있는 방안을 모색해 보는 것이 이 글의 핵심 목표다.

1. 부모가 빠지기 쉬운 함정들

어떤 아이든 부모는 필요하다. 아이들은 미숙하기에 부모의 지식과 경험을 통해 안전하고 건강하게 성장할 수 있기 때문이다. 아이에게 부모는 수호자인 것이다. 그렇기에 어릴수록 부모는 더 필요하다. 하지만 조금 더 자라면 부모보다 또래의 규범과 평가가 아이의 행동을 좌우하는 결정 요인이 된다. 이때 부모의 역할은 지식과 경험으로 자녀를 보호하는 수호자라기보다는 자녀를 믿고 응원하는 서포터로 변화해야 한다. 게임과 관련된 부모 자녀 갈등은 수호자에서 서포터로 역할이 전환될 때 크게 나타난다. 대략 그 나이는 사춘기가 가까워지는 초등학교 4~5학년 시기다.

부모의 지식과 경험이 자녀에게 도움이 되려면 부모가 경험한 세상과 자녀들이 살아갈 세상이 유사하다는 전제가 필요하다. 그런데 요즘의 기술과 문화적 환경 변화는 전혀 그렇지 않다. 지금의 아이들은 태어날 때부터 스마트폰을 비롯한 첨단 기기와 서비스를 경험하면서 자랐다. 시작부터 부모와 다른 지식과 경험의 속도와 양을 경험한 세대다. 이미 2020년부터 인공지능과 고성능 컴퓨터가 가세하여 새롭게 생겨난 지식은 12시간마다 2배를 넘어서는 것으로 추정된다(Frey, 2019.3.20).

빠르게 변화하는 세상에서 어떤 행동이 적합한지를 부모가 자녀에게 알려주는 것은 불가능할 뿐 아니라 부적절하다. 대신 세상이 아무리 바뀌어도 변하지 않는 가치나 원칙을 알려주는 것이 미래의 적응과 성공에 더 현명한 방식이 된다.

게임도 마찬가지다. 게임을 몇 시간 어느 장소에서 어떻게 해라가 아니라, 게임을 하는 것이 어떤 의미와 가치를 가지는지 알려주고 거기에 맞게 행동하는 자녀를 응원하는 것이 필요하다. 이런 사실을 모르는 부모는 거의 없겠지만 실제 생활에서 이를 적용하기는 매우 어렵다. 그 대표적인 이유는 지식착각(illusion of knowledge)에 있다. 지식착각이란 '우리가 실제로는 잘 모르지만 잘 알고 있다고 착각하는 것'으로 정의된다(Chabris and Simons, 2010). '보이지 않는 고릴라' 실험으로 유명한 크리스토퍼 차브리스(Christopher Chabris)와 대니얼 사이먼스(Daniel Simons)는 익숙함이 지식착각을 유발한다고 설명한다. 예를 들면, 화장실 변기를 모른다고 생각하는 사람은 없다. 그러나 변기가 어떻게 작동하는지를 설명할 수 있는 사람은 많지 않다. 자주 봐서 익숙한 대상을 우리는 충분히 잘 알고 있다고 확신을 하는 것이다. 부모들이 아이들과 아이들의 게임을 잘 알고 있다고 믿는 믿음은 갓난아이 때부터 보아왔던 익숙함에서 오는 착각일 수 있다.

아이들이 게임을 하는 모습을 자주 보니 게임에 대해서 잘 안다고 생각하지만, 실제로 만나본 부모들 중 자녀들이 즐기는 게임의 이름을 모르는 부모들도 적지 않았다. 설령 게임의 이름을 안다고 해도 아이의 게임 레벨이나 아이가 좋아하는 게임 유형, 주로 수행하는 역할, 게임이 어떤 방식으로 흘러가는지와 같은 세부사항을 아는 부모는 극히 드물었다. 아이의 게임에 대해 아는 것이 거의 없음에도 불구하고 아이와 게임에 대해 잘 알고 있다는 잘못된 믿음이 매번 똑같은 갈등을 반복하게 만드는 중요한 원인일 수 있다.

그런데 게임과 아이들이 결합되면 더욱더 복잡한 일들이 벌어진다. 아이들이 약속된 게임 시간을 지키지 못하는 것이 아이의 거짓말 때문인지, 아니면 그 나이대 아이들이 흔히 보이는 발달 과정의 현상인지를 구분하는 것은 매우 중요하다. 사실 재미있는 일을 하다가 정해진 시간을 놓치는 것은 어른들도 흔히 하는 실수다. 하물며 이제 10년 남짓 살아온 아이들이 어른도 힘든 시간 지키기를 철저히 한다는 것은 비현실적인 기대일 것이다. 자칫하면, 평범한 발달 과정상에서 나타나는 현상을 게임 탓으로 돌리고 문제 삼는 것이나 게임의 문제를 아이의 성격이나 심성의 문제로 돌리는 것은 문제 해결은커녕 아이와 부모 사이를 더 멀어지게 만드는 최악의 상황을 가져올 수도 있다.

이런 악순환을 끊어내고 건강한 부모 자녀 관계와 게임 습관을 기르기 위해서는 가장 먼저 해야 할 일이 지식착각에서 벗어나는 일이다. 『손자병법』 '모공' 편에 "상대를 알고 나를 알면 백 번 싸워도 위태롭지 않다(知彼知己 百戰不殆)"라는 말이 있다. 아이와 게임 그리고 부모 자신에 대해서 정확하게 알아야 한다. 이 책의 다른 저자들이 아이와 게임에 대해서 충분히 설명했기에 여기서는 부모 자신을 집중해서 살펴보자.

아이들이 게임에 푹 빠져 있는 것을 보고 있노라면 한심하고 화가 난다는 부모들의 반응이 흔히 있다. 그래서 몇 마디 좋은 말로 하다가 큰소리가 나곤 하는 것이 전형적인 게임 갈등 양상이다. 이때 아이들이 게임에 빠지는 것에만 집중하기보다는 부모가 왜 한심한 마음이 들고 화가 나는지 그 원인을 자세히 들여다볼 필요가 있다.

아이들이 게임에 시간을 보내는 것이 한심하다는 생각은 게임이 가치가 없는 행동이라는 부모의 믿음이 깔려 있기 때문이다. 여기서 가치판단 기준은 부모의 관점, 특히 자녀의 성공과 관련하여 실용적인 관점일 가능성이 높다. 게임 대신 공부를 하면 좋겠다고 생각하는 것은 이 상황에서 거의 모든 부모에게 드는 생각일 것이다. 그러나 자녀는 다른 가치판단 기준을 가지고 있기에 한심하다는 부모의 생각에 동의하기 어려울 수 있다. 공부는 학교에서도 하고 학원에서도 한다. 친구를 만나서 함께 놀고, 내가 잘할 수 있는 것을 뽐내는 것도 아이의 입장에서는 중요한 가치다. 자기가 생각하는 중요한 가치를 인정받지 못하는 경우 아이들, 아니 사람들은 자신이 존중받고 있지 못하다고 생각한다. 좋은 반응이 나올 수 없다. 짜증 섞인 말을 하게 되고, 마침내 큰소리가 나온다.

여기서 갈등의 직접적인 원인은 게임에 있지 않다. 아이 행동에 대한 부모의 가치판단이 직접적인 원인이다. 게임이 아닌 그 어떤 행동, 예를 들어 친구와 어울려 놀거나 아이돌 팬클럽 활동에 몰두하는 것도 동일한 패턴의 행동이 나타날 수 있다. 이런 원인을 게임에서 찾는다면 아마도 해결책은 영원히 나올 수 없을 것이다. 믿음은 일단 형성되면 그것을 당연히 여기고 그 출처나 근거를 확인하지 않게 된다. 대신 그 믿음을 지지할 수 있는 증거를 찾게 된다. 성적이 떨어졌다거나 버릇이 없는 행동같이, 꼭 게임이 아니더라도 나타날 수 있는 행동들을 믿음의 증거로 삼는다. 그리고 그 믿음은 더욱더 강화된다. '저게 다 게임 때문에 그렇다'는 믿음 말이다. 그러면서 게임이 점점 더 부각되는 이 세상이 무언가 잘못 돌아가고 있다는 확신이 굳어진다. 자녀와의 갈등을 넘어, 변하는 세상으로부터 고립되어 가는 악순환이 벌어진다.

이런 악순환을 끊으려면 부모의 믿음의 근거를 돌아볼 필요가 있다. 만약 게임이 사라진다면 부모가 원하는 대로 공부하고 말 잘 듣는 아이로 바뀔까. 예전 게임이 없었을 때는 공부만 열심히 하고 예의 바른 행동들만 했는지를 생각해 보면 게임이 직접적인 원인이 아니라는 것을 금방 알 수 있다. 근거가 불확실한 믿음으로 아이와 갈등을 만들기보다는, 아이가 생각하는 게임의 가치를 물어보고 그 가치에 귀를 기울이는 것이 부모의 영향력을 더욱 크게 만드는 지름길이다. 아이들은 이럴 때 부모에게 존중받는다는 느낌을 받는다. 자신을 존중하는 사람의 말은 무시하기 어렵다. 자녀의 게임 행동을 바꾸려면 감시하거나 짜증을 낼 것이 아니라 게임을 하는 자녀의 말을 경청하고 자녀의 가치를 더욱 돋보일 수 있는 방법을 함께 모색하는 것이 현명한 부모의 자세일 것이다.

게임을 하는 아이들을 보면서 화를 내는 경우는 좀 더 복잡한 상황이다. '화'라는 감정은 권력과 연관되면서 또한 심리적·신체적 컨디션과도 밀접한 관련이 있다. 보통 아이들이 게임을 하고 있을 때 부모는 아이들의 뒤통수를 노려보며 지금 게임을 한 지 얼마나 지났는지를 공격적인 말투로 전한다. 아이는 '알았다. 금방 끝난다'고 하면서도 몇십 분이 지나도 여전히 게임을 지속하는 경우가 흔하다. 이때 부모는 지시를 따르지 않은 아이에게 화를 내게 된다. "엄마(혹은 아빠) 말이 말 같지 않아?" 그러면서 컴퓨터를 강제로 끄거나 게임을 하는 스마트폰을 아이 손에서 빼앗는 일이 이어진다. 반항하는 아이에게 그게 어디서 배운 버릇이냐며 또 큰소리를 치게 된다. 맨 처음 게임 행동을 통제하려던 의도는 어느새 뒷전으로 밀려나며 감정싸움이 격해진다. 이때 부모는 자녀에게 게임을 통제하는 능력과 약속을 지키는 규범을 가르쳐야 한다는 생각으로 강하게 훈계를 한다고 생각한다.

이럴 때 아이도 화가 난다. 화는 목표에 방해를 받았을 때 혹은 부당한 일을 당했을 때 강하게 일어난다. 부모는 화를 내는 것이 아니라 중요한 것을 가르친다고 생각하지만 실제로 부모의 말이 좌절된 것에 대한 화를 아이에게 내고 있는 것이다. 반면 아이의 화는 자신이 하고 있는 게임이 강제로 중단된 것과 자기가 생각할 때 공정하지 못한 방법으로 방해되었다고 생각하는 것에서 발생한다. 당연히 부모보다 더 강한 화를 경험한다. 그럴수록 부모의 좌절은 커지며 서로의 감정은 악화된다.

잘못한 행동을 고치는 데 꼭 화를 낼 필요는 없다. 아이의 게임 시간 규칙 준수가 진짜 목적이라면 게임 시간 규칙을 어기면 어떤 결과가 오는지를 알려주는 정도로 충분하다. 그러나 그 화라는 감정의 이면에는 '내 아이에게 무시당했다'는 숨겨진 믿음이 작동한다. 무시를 당한 경우 어떻게든 복수를 하려고 한다. 그것이 교육이란 외피를 썼을 뿐이다. 이것은 아이에게도 마찬가지다. 자신의 행동이 부모에게 무시당했다고 느낀다. 가장 믿었다고 생각하는 사람에게 무시를 당했다면 그 강도는 일반적인 무시와는 사뭇 다르다. 게임 행동을 바로잡는다고 하다가 부모 자녀 관계가 망가지는 일이 벌어지는 것이다.

더군다나 이런 화는 심리적·신체적 컨디션과 밀접히 연관되어 있다. 컨디션이 좋을 때 사소한 잘못은 그냥 넘어가거나 좋은 말로 지나갈 수 있다. 하지만 그렇지 않은 상황에서는 별것 아닌 것도 감정과 행동의 컨트롤이 어렵다. 무례한 행동이 나오게 되는 것이다. 특히 과중한 업무 스트레스는 무례한 행동의 중요한 원인으로 지목되기도 했다(Porath, 2015.6.19). 이렇게 스트레스를 받은 상황에서, 행동을 바로잡는다는 미명하에 게임을 하는 아이를 스트레스를 해소하는 기회로 삼았을 가능성이 높다. 스트레스를 받았다고 함부로 타인을 대하는 사람을 부모는 끔찍하게 여기면서도 자신이 아이들에게 한 무례한 행동들은 의식하지 못하고 사는 것이다.

연구에 따르면, 이렇게 서로 화가 난 상태는 게임을 멈추고 공부를 하게 만들려는 의도와 정반대로 작동한다. 가장 먼저 집중력이 저하되어 눈앞의 과제를 수행하지 못하며, 정보를 공유하거나 도움을 청하지 않는 등 마음의 문을 닫게 된다(Porath and Erez, 2009). 이런 상황이 반복되면 부모가 아무리 좋은 제안을 하더라도 차단을 하는 일이 생겨난다. 반대로, 아이가 하는 말과 행동을 부모가 신뢰하지 않고 의심을 하게 되는 일로 악화되는 경우도 종종 발생한다. 현명하지도 효과적이지도 않은 최악의 일이 무심결에 벌어지는 것이다.

2. 화를 내지 않고 게임하는 아이와 소통하기

좋은 인간관계는 행복에 가장 중요한 요소이면서 성공에도 핵심적인 요소가 된다. 그 대표적인 사례를 회복탄력성(resilience) 연구에서 찾아볼 수 있다(Werner and Smith, 1992). 회복탄력성은 일반적으로 다양한 시련과 역경, 실패 등이 주는 좌절감과 무기력을 오히려 도약의 발판으로 삼아 더 높이 올라가는 마음의 근력으로 정의된다. 1955년에 미국에서 지독한 가난과 질병 그리고 학교교육도 제대로 받지 못하는 열악한 환경의 카우아이섬에서 태어난 신생아 833명을 대상으로 이들이 어른이 될 때까지 조사하는 과정에서 에미 워너(Emmy Werner) 교수 팀은 놀라운 사실을 발견한다. 이들 중 상황이 심각한 고위험군 아이들은 사회의 부적응자로 자랄 것이라는 예측과 달리, 3분의 1에 해당하는 아이들이 사회적으로 아무 문제를 일으키지 않았을뿐더러 훌륭하게 자랐다. 이런 아이들을 설명하기 위해 만들어진 개념이 바로 '회복탄력성'이다. 이렇게 좌절감을 딛고 일어난 아이들에게는 하나의 공통점이 있었다. 바로 아이의 입장을 무조건적으로 이해해 주고 받아주는 어른이 적어도 한 명은 있었다는 것이다. 즉, 자신을 존중해 주는 사람이 있는지의 여부가 성공의 결정적인 요인이었다고 해석되는 대목이다.

내 아이가 성공하기를 바라지 않는 부모는 없다. 그런데 성공을 위해서 존중을 하기보다는 감시와 통제 그리고 강한 훈계를 동반하는 경우가 주변에 더 흔하게 보인다. 존중은 아이의 모든 것에 적용되어야 한다. 게임도 마찬가지다. 아이의 게임을 통제하는 방법보다는 게임을 존중하는 방법이 부모 자녀 관계를 좋게 만들 뿐 아니라 장기적으로 아이의 미래 성공을 더욱 가깝게 해줄 수 있다. 그러려면 아이가 소중히 여기는 것들도 부모가 소중하게 여겨주어야 한다. 이것이 바로 관계를 증진하고 아이들을 성장하게 만들어주는 핵심이다. 이를 위해서는 부모가 짐작하는 생각에서 벗어나 아이의 생각과 경험을 들어보고 거기에 맞추는 지혜가 필요하다.

1) 게임을 하는 이유는 아이들의 얼굴만큼이나 다양하다

게임을 하는 아이들이 다 똑같을 것이라고 생각하는 것은 세상 사는 사람들의 마음이 다 똑같을 것이라고 여기는 것만큼 불합리하다. 이런 점에서 우리 아이는 어떤 이유로 게임을 하는지를 아는 것은 아이를 존중하는 좋은 출발점이 된다.

리처드 바틀(Richard Bartle)이라는 영국 학자는 게임을 즐기는 스타일에 따라 '성취형', '모험형', '킬러형', '사교형' 등 네 가지의 유형으로 게이머를 구분한 적이 있다(Bartle, 1996). 먼저 '성취형(achiever)'은 자신이 설정한 게임 속의 포인트나 레벨과 같은 목표를 이루는 과정에 재미를 느끼는 유형이다. 이런 게이머들은 게임 속에서 가장 높은 레벨에 먼저 도달하는 것을 중요하게 여기거나, 세트 아이템을 하나도 빠짐없이 구비하고, 목표 달성을 위해 게임 속에서 늘 바쁘고, 목표가 얼마나 남았는지를 늘 체크한다. 자녀가 "다음 레벨까지 10점이 남았군!"과 같은 말을 자주 한다면 성취형에 가까운 게이머임에 분명하다.

두 번째, '모험형(explorer)'은 게임 속 세상을 샅샅이 뒤져보는 것을 좋아하는 유형이다. 이들은 주로 평범한 게이머들은 모르는 게임 속 장소를 발견하거나 혹은 못 가게 막아놓은 곳을 탐험하는 것을 즐긴다. 이런 과정에서 발견한 게임상의 오류(버그)를 이용해 남들은 생각지도 못한 기발한 플레이를 하기 좋아하며, 이런 것들을 남들에게 알려주는 것에서 기쁨을 느낀다. 현실의 탐험가와 크게 다르지 않은 유형이라고 할 수 있다. 이런 아이들에게는 "오늘 게임에서 뭐 새로 발견한 것 없니?"와 같은 질문이 아이와의 대화에 좋은 신호가 된다.

세 번째 '사교형(socializer)'은 게임 속 다른 플레이어들과 소통하고 공감하는 것을 즐기는 유형이다. 굳이 게임이 좋아서라기보다는 게임을 통해 마음 맞는 사람들을 만나고 그들과 채팅하며 이야기를 주고받는 것에서 재미를 느낀다. 주로 시시껄렁한 농담이 대부분이지만 간혹 중요하거나 긴급한 문제에 대한 정보나 도움을 주고받기도 한다. 게임을 하는데 한시도 말을 멈추지 않거나, 채팅하는 타이핑 소리가 그치질 않는다면 아마도 게임 속에서 모르는 사람이 없는 마당발, 사교형 게이머가 분명하다.

마지막으로 '킬러형(killer)'이 있다. 이들은 대결에서 승리를 가장 중요하게 생각하는 유형이다. 이를 통해 다른 게이머들보다 우월함을 느끼고자 하며, 다른 사람들이 항복하거나 자신의 실력을 알아봐 주는 것에서 만족을 느낀다. 당연히 게임 속에서 적들이 많으며, 많은 적들이 자신을 노리고 몰려오는 것을 즐긴다. "나한테 다 덤벼. 내가 본때를 보여주겠어", "실력도 없는 것들이 나한테 덤비고 있어", 이런 말을 주로 하는 아이라면 킬러형 게이머라고 할 수 있다. 이런 아이들이라면 "오늘 전적은 어때?"라고 물어봐 주는 것이 아이들의 마음의 문을 여는 열쇠가 될 것이다.

2017년도 국내 대학생을 대상으로 한 연구(박성진·김상균, 2017)에 따르면, 바틀의 네 가지 게이머 분류 중 모험형이 35%로 가장 많았고, 그다음으로 성취형 32%, 사교형 29%, 킬러형 4%로 나타났다. 게임을 겉모습만으로 판단하기보다는 그 속에서 우리 아이가 어떤 활동을 하는지를 파악하면 좀 더 효과적인 소통과 생활지도가 가능하리라 믿는다.

2) 아들과 딸은 게임을 바라보는 시각이 다르다

일반적으로 남자와 여자는 태어날 때부터 호르몬의 영향을 받는다(Silverman and Eals, 1992). 이런 작용은 감각에도 중요한 영향을 준다. 예를 들면, 남자아이들은 망막이 여자아이들보다 두껍고 색깔을 파악하는 P세포 수가 적다. 그래서 똑같은 것을 보더라도 여자가 세상을 좀 더 파스텔 톤으로 화사하게 보는 것이 일반적이다. 반면 남자는 색깔을 구분하는 능력이 상대적으로 약하지만 움직이는 물체를 보는 동체시력은 뛰어나다. 동체시력(Dynamic Visual Acuity: DVA)이란, 움직이는 물체를 정확하게 볼 수 있는 능력을 의미한다. 일반적으로 동체시력은 5~10세 사이에 급속히 발달하면서 15~16세에 최고조에 이른 후 점차 떨어지는 경향을 보인다. 왜 프로게이머 중에 남자가 많은지, 그리고 최고 기량의 프로게이머들이 10대 후반인지를 이해할 수 있는 대목이다.

또 다른 지각의 특성으로 남자아이들의 청력이 여자아이들보다 약하다(Kwon, 2010). 같은 나이의 여자에 비해 발달이 늦게 일어나며, 청력 상실을 겪을 확률이 5.5배나 높다. 또한 여아가 남아에 비해 높은 음역대의 소리와 작은 목소리를 잘 듣는다. 이것으로 왜 아들들은 어머니가 부르는 소리를 잘 못 듣는지 알 수 있으며, 교실 뒤에 앉은 남자아이들이 딴짓을 하는 것은 수업의 내용이 따분해서기보다는 선생님의 목소리가 잘 들리지 않아서 일어나는 현상일 가능성이 높다.

이런 감각의 차이는 주의 집중과 연합되어 또 다른 효과를 발휘하기도 한다. 2000년도 케임브리지대학교 제니퍼 코넬란(Jennifer Connellan) 교수팀의 연구에 따르면, 태어난 지 겨우 하루밖에 지나지 않은 신생아 중 남자아이는 움직이는 것에 더 많은 관심을 보인 반면 여자아이는 얼굴에 더 관심을 보였다(Connellan et al., 2000). 평균적으로 남자아이들이 움직이는 물체에 더 관심이 많고 여자아이들은 얼굴 표정에 더 관심이 많은 것은 타고난 성향이 강하게 영향을 미치고 있음이 시사되는 결과다. 남자아이들은 난폭한 싸움 같은 장난을 좋아한다. 그리고 그런 종류의 게임에 쉽게 빠진다. 게임을 함께 하면서도 서로 눈을 맞추어야 할 필요를 덜 느끼고, 경쟁하듯 대화를 하면서 오랫동안 지낼 수 있다. 그동안 엄마의 얼굴은 까맣게 잊게 된다. 평균적으로 여자아이들에게서 이런 일은 쉽게 일어나지 않는다.

친구의 범위에서도 성차가 나타난다. 일반적으로 남자아이들이 여자아이들보다 친구 수가 많다. 단짝 친구는 여자아이들에게서 더 빈번히 나타난다. 그 이유는 여자아이들은 친구를 '비밀'을 공유하는 사이라고 생각하는 경향이 강한 것에 있다. 비밀을 많은 사람들이 알고 있다면 지켜지기도 어려울 뿐 아니라 이미 비밀이 아닌 것이 되어버린다. 반면 남자아이들은 친구를 자신이 좋아하는 혹은 중요하게 생각하는 행동을 함께 하는 사이라고 생각하는 경향이 강하다. 비밀 같은 것에 큰 관심이 없을 뿐 아니라 기초적인 정보를 몰라도 친구로 지내는 데 아무런 지장이 없다. 대체로 남자아이들은 친구에 대해서 별로 아는 것이 없다. 내가 좋아하는 게임을 같이 좋아하고 함께 플레이를 할 수 있다면 충분한 것이다.

레너드 색스(Sax, 2017)가 소개한 실험을 보면, 놀이에서 성차가 어떤 방식으로 나타나는지 알 수 있다. 20대 대학생을 대상으로 바닥에 막대기를 세워놓고 똑같은 크기의 고리를 0.3, 0.6, 1.5, 3, 4.5, 6미터 등 여섯 개의 다른 거리에서 던지는 게임을 하게 했다. 연습 상황에서 아무 곳에서나 고리를 던질 수 있게 했다. 그랬더니 여학생 대부분은 성공 확률이 높은, 가까운 거리인 0.3~0.6미터 지점에서 고리를 던졌다. 반면 남학생들은 성공할 확률이 상대적으로 낮은 3~4.5미터 거리에서 던졌다. 본격적인 실험에서 이들의 고리 던지기를 지켜보는 사람이 등장했다. 이때 여학생들은 지켜보기 전과 후가 차이가 없었다. 반면 남학생들은 달랐다. 다른 사람, 특히 다른 남자들이 쳐다보고 있는 상황에서 오히려 더 먼 곳에서 던지는 모험적 전환이 일어났다. 연습 때 1.5미터에서 고리를 던지던 남학생은 3미터로, 3미터에서 던지던 학생은 4.5미터로 더 멀리서 고리 던지기를 시도한 것이다. 이런 행동 변화에 대한 설명은 '실패를 두려워하는 겁쟁이'로 인식되는 것이

싫기 때문이라고 보고했다.

남자아이들이 위험스러운 행동과 과격한 게임을 즐기는 이유는 용감해서가 아니라 다른 사람들에게 약하다는 것을 감추기 위함이었다. 수컷 공작새의 꼬리가 화려하게 진화한 이유가, 천적의 눈에 잘 띄는 핸디캡은 있지만 그보다 동료들과의 경쟁에서 이기고 이성에게 멋지게 보이는 것이 더 중요해서라는 진화심리학적 설명과도 맞닿아 있는 대목이다.

3) 게임을 하고 싶은 욕구는 옳고 그름이 없다

배고픔이나 목마름의 욕구가 옳고 그름이 없는 것처럼 게임을 하고 싶은 욕구도 마찬가지다. 그러나 그 욕구가 부정되면 화가 나거나 경우에 따라서 섭섭함 혹은 억울함을 느끼기 쉽다. 대체로 이럴 때 나타나는 현상은 자신의 욕구가 정당함을 증명하기 위한 주장을 하는 것이다. 결국 앞서 나타난 악순환이 반복되는 것이다. 예를 들면, 점심밥을 먹은 지 얼마 안 되었는데 배가 고프다는 아이가 있다. 엄마는 밥 먹은 지 얼마 되지도 않았는데 뭐가 배가 고프냐고 부정을 한다. 아이는 자신의 욕구가 부정당한 것에 대해 배가 고프다는 것을 더 강하게 주장을 하거나 짜증을 낼 수 있다. 이때 엄마가 "엄마만 보면 먹을 것이 생각나지?"라거나 "아무 때나 네가 먹을 것 달라면 주는 사람이냐?"라는 식의 반응을 보이면 결국 서로 감정만 상한 채 저녁 식사 시간까지 냉랭한 분위기가 이어지게 된다.

대신 욕구를 인정하면 그다음 솔루션은 비교적 원만해진다. 예를 들면, "밥 먹은 지 얼마 안 돼서 배고픈 줄 몰랐네?"라며 욕구를 인정한다. 그다음 "그럼 뭘 먹고 싶으니?"라고 물어보는 것이 순서다. 예를 들면, 라면을 먹고 싶다든지, 밥을 더 먹고 싶다고 할 때 선택지를 함께 의논할 수 있다. "저녁 때 고기를 먹을 예정이라 좀 가볍게 먹는 게 좋을 것 같으니 과자를 먹는 것이 어떨까?" 이런 제안에 대해서 아이는 받아들이거나 다른 선택지를 고를 수 있다. 이런 방식으로 아이의 욕구가 인정받고 그 해결책을 대화로 풀어 가면 부모와 아이가 모두 만족하는 상황이 된다.

게임도 똑같다. 게임을 하고 싶은 마음은 옳고 그름이 없이 느껴지는 욕구다. 그런데 이런 욕구가 좌절되면 앞서 소개한 갈등이 재현될 수 있는 조건으로 번진다. 반면 이런 욕구를 인정하면 그다음 해결책을 서로 마련하기 쉬워진다. 게임을 하고 싶다고 하면, 어떤 게임을 얼마나 하고 싶은지를 물어보면 된다. 그리고 그 선택에 대해서 부모는 옵션을 제시해 줄 수 있다. 예를 들면, "지금은 게임을 할 시간이 아닌데 당겨서 하면 저녁 때 게임 시간은 없는 거다", "조금 있다가 손님들이 오실 텐데 그때까지 하고 손님 맞이 준비 같이 하는 거다"와 같은 방식의 제안은 대체로 "오케이 알겠어요!"라는 상냥한 말투로 마무리되는 경우가 많다.

결국 존중이라는 것을 구체적으로 살펴보면 욕구의 존중이다. 그런데 세상은 하고 싶은 대로 할 수 없다는 정도는 아이들도 잘 안다. 가능한 수준에서 해결할 수 있는 욕구를 부모와 자녀가 게임을 통해 상의할 수 있다면 아이는 어떤 상황에서 누구와도 함께 원만한 협상을 진행할 수 있는 능력의 소유자로 성장할 것이 분명하다.

자신의 욕구를 해소할 수 있는 선택을 하는 아이는 책임감을 갖게 된다. 바꾸어 말하면, 아이들이 약속을 지키지 않는 것은 스스로 선택한 약속이 아니라 일방적으로 정해진 약속인 경우가 많기 때문이다. 예를 들어, 한 시간만 스마트폰 게임을 하기로 한 아이는 자기가 시간을 지키지 못할 경우를 대비해서 부모에게 한 시간 후에 알려달라는 요청을 하게 된다. 이때 부모는 아이의 요청을 들어줄 수 있지만 아이에게 또 다른 옵션을 제시할 수도 있다. "스마트폰 알람을 맞추고 하는 것이 어떨까?" 어떤 경우든 스스로 선택을 했기에 그 약속은 지켜질 가능성이 높아진다. 또한 이렇게 아이에게 선택권을 전적으로 맡기면 긍정적인 자아상을 만드는 동시에 자기 조절을 연습할 수 있는 소중한 기회도 얻을 수 있다.

"고기를 잡아주기보다는 고기 잡는 방식을 알려주어라"라는 격언이 있다. 게임도 마찬가지다. 어떤 게임을 몇 시간 해야 한다는 규칙을 정해주기 이전에 왜 그래야 하는지 원칙과 가치를 함께 논의하는 것은 게임으로 인한 갈등을 줄일 뿐 아니라 아이의 사고와 표현 능력을 기를 수 있는 절호의 찬스가 된다.

4) 아이의 시선을 공유하는 것이 소통의 첫걸음이다

습관의 변화는 쉽게 일어나지 않는다. 관계 역시 마찬가지다. 어느 날 갑자기 "우리 지금부터 친해지자"라는 말을 했다고 갑자기 친해지지는 않는다. 『어린왕자』에서 여우와의 에피소드는 관계가 어떻게 형성되는지를 잘 알려준다. 다음은 관계에 대해 『어린왕자』의 핵심 내용을 간추린 글이다.

사막에서 만난 여우는 친구가 되고 싶다는 어린왕자에게 자기를 길들여 달라고 말한다. 여우는 어떻게 해야 하는지 묻는 어린왕자에게 '참을성'이 있어야 한다고 대답한다. 그리고 오해를 불러올 수 있는 말을 하지 말고 매일 같은 곳에 같은 시간에 나와서 조금씩 가까이 다가오면 된다고 설명한다. 그렇게 여우의 마음이 길들여져 친구가 되면 오후 4시에 오는 어린왕자를 기다리며 3시부터 행복해질 것이라고 말을 한다.

조금씩 가까워지는 마음의 속도를 위반하면 안 된다. 머레이비언(Mehrabian)의 법칙에 따르면, 의사소통은 말보다 말투와 표정과 같은 비언어적 단서가 말의 내용보다 더 결정적으로 작용한다. 사람은 다른 사람이 자신에 대해서 우호적인지 적대적인지를 0.03초(30밀리초) 만에 판단할 수 있다고 한다(Todorov, Pakrashi and Oosterhof, 2009). 아무리 좋은 이야기를 하더라도 속으로 아이의 게임이 마음에 들지 않는다면 그것이 아이에게 그대로 전달된다는 의미다.

심리치료법 중에 둔감화 훈련(desensitization training)이라는 것이 있다. 예를 들면, 고소공포증으로 고통을 받는 사람이 조금씩 높은 곳에 올라가서 견디는 것이다. 이런 방식으로 높은 곳에 대한 불안감을 감소시키는 방식과 마찬가지로, 아이들의 게임을 근처에서 조금씩 시간을 늘려 바라보는 방식을 권한다. 사실 이런 방식은 아이와 공감대를 형성하는 공동주의(joint attention)의 원리와도 일맥상통한다(Moore and Dunham, 1995). 말 못 하는 어린아이와 엄마는 같은 곳을 바라보며 의사소통이 시작된다. 예를 들면, 아이가 강아지를 가리키면 엄마가 아이가 가리키는 강아지를 보면서 "강아지"라고 말을 한다. 아이는 이런 엄마의 모습을 보면서 자신과 마음이 통했다는 의미로 방긋 웃는다.

누군가와 같은 곳을 본다는 것은 의사소통의 중요한 시작점이 된다. 게임 화면을 보는 아이와 그 아이의 뒤통수를 노려보는 부모는 의사소통이 제대로 되기 어렵다. 이럴 때 두 가지 선택지가 있다. 아이가 보는 것을 부모도 함께 볼 것인가, 아니면 아이의 시선을 부모가 보는 시선으로 바꿀 것인가 말이다. 심리학자들의 견해에 따르면, "쓸데없는 것 보지 말고 여기를 봐"처럼 아이의 시선을 부모의 시선으로 옮기는 것보다 "지금 뭘 보고 있니?"라면서 아이가 보는 것을 부모가 함께 보는 것이 공동주의의 효과를 극대화하는 방식으로 알려져 있다.

게임도 마찬가지다. 아이에게 게임 그만하고 부모가 바라보는 책으로 시선을 옮기도록 유도하기보다는 아이의 게임 화면을 함께 보면서 아이의 감정을 읽어주는 것이 게임 후 아이가 책을 볼 수 있는 확률을 높여준다.

아울러 변화에 대한 기대를 현실적으로 맞출 필요가 있다. 아무리 훌륭한 타자도 타석에서 세 번만 안타를 치면 훌륭한 선수라고 불린다. 하물며 아직 미숙한 아이들이 약속이나 결정을 100% 이행하리라 예상하는 것은 실망만 키울 뿐이다. 대신 이전보다 진전된 행동에 주목하고 이런 행동에 폭풍칭찬을 해줄 필요가 있다. "오! 축하해! 어제 못 지킨 게임 시간 약속을 오늘은 칼같이 지켰네"라고 말해주는 것은 아이의 성취감과 긍정적인 자아상 형성에 도움이 될 뿐 아니라 느린 습관 변화의 속도를 조금 더 빠르게 가속시킬 수 있는 방법이기도 하다.

3. 이럴 때 이렇게

마음이 바뀌면 행동도 바뀐다. 아이의 게임 행동을 바꾸려면 게임을 하는 아이의 마음을 읽는 것이 선행되어야 한다. 그 후 아이의 마음이 행동으로 이어질 수 있도록 부모가 도와줄 수 있는 방법을 모색해 보자.

1) 게임 시간을 정할 때

게임하는 시간은 아이들의 고유 시간이다. 이런 시간을 부모가 일방적으로 정하는 것은 교육적으로나 실효성으로나 바람직하지 못하다. 스스로 규칙을 정하면 스스로 지키려는 노력을 훨씬 더 많이 하게 되고, 설령 지키지 못하더라도 스스로의 한계를 인식하고 조금씩 성장해 가는 중요한 훈련의 기회를 얻을 수 있다.

게임 시간을 정하는 것도 마찬가지다. '청소년 게임 셧다운제'처럼 국가가 청소년의 시간을 제약했던 제도가 실패한 이유는 청소년의 심야 게임 이용을 통제하여 수면 시간을 확보한다는 제도의 취지를 달성하지 못했기 때문이다. 더군다나 PC를 이용한 인터넷게임에 적용된 셧다운제는 모바일로 게임 환경이 바뀌며 실효성 없는 규제라는 비판을 받기도 했다. 2009년 미국 중고생을 대상으로 한 부모의 통제와 아이의 반응 간의 관계 연구(Kakihara and Tilton-Weaver, 2009)에서, 부모가 아이에게 원칙을 정하고 규칙을 지키도록 행동 통제를 한 경우와 잘못한 행동을 했을 때 죄책감이 들도록 하는 심리 통제를 한 경우, 효과를 살펴보았다. 결과는 어떤 종류의 통제건 아이가 자신의 선택이 부모에 의해 제한을 받았다고 판단한 순간, 조언을 받아들이지 않는 정도가 아니라 반대의 선택을 하는 것으로 나타났다. 반발을 하는 것이다. 마치 공부를 하려고 하는데, "너는 언제 공부할 거니?"란 말을 들었을 때 하기 싫은 것처럼 말이다. 이런 현상을 심리학에서는 '반항 이론(reactance theory)'으로 설명한다(Brehm, 1966). 반항 이론이란 사회적 압력과 같은 강요를 받으면 스스로 자유를 지키기 위해 강요받는 행동과 정반대 행동으로 대응한다는 것이 핵심이다.

아이들과 부모가 함께 게임 시간을 정할 때 알아두면 좋을 팁을 소개한다. 게임을 시간 단위로 조절하는 것은 드라마를 시간 단위로 보는 것과 같다. 게임은 규칙이 매우 상이하여, 한 시간 정도 지속되는 게임도 있고, 15분에서 3분 이내에 끝나는 게임도 있다. 이런 점에서 자녀들의 게임 이용 규칙을 정할 때 어떤 게임인지 속성을 살펴보거나 아이에게 물어서 일방적인 시간이 아닌 목표(달성 점수 혹은 스테이지)를 중심으로 스스로 마무리하고 정리할 수 있도록 하는 것이 효과적이다. 예를 들면, 세 판만 하기, 레벨 2 올리기, 다음 퀘스트까지만 진행하기 등과 같은 목표를 세우면 기분 좋게 목표도 달성하고 게임 이용 규칙도 지킬 수 있다.

2) 정한 게임 시간을 못 지킬 때

아이들이 성장해 가면서 통제 능력의 발달 수준은 현격하게 달라진다. 굳이 비유를 하자면, 통제 능력은 자동차의 브레이크에 해당한다. 그런데 아이가 태어날 때는 브레이크가 완성되지 않은 채 세상에 태어난다. 본능 혹은 감정이라는 액셀러레이터만 달고 세상에 등장한다. 그래서 아이들이 충동적이고, 뭔가를 이야기해도 금방 잊어버리는 것은 자연스러운 현상이다. 이런 능력을 서서히 기를 수 있는 방법은 다음과 같다.

첫째, '정신적 대비(mental contrast)'라는 개념을 활용하는 것이다(Oettingen, 2015). 개념을 실험한 내용은 간단하다. 첫 번째 단계에서 달성하고 싶은 현실적 목표를 생각한다. 실험에서는 다이어트를 하여 성공한 모습을 상상했다. 그러나 실험의 핵심은 두 번째 단계에 있다. 이 단계에서는 자신과 목표 사이에 놓인 장애물을 최대한 뚜렷하게 그려본다. 다이어트 과정에서는 고소한 치킨과 라면 냄새에 의지가 꺾여서 바사삭 혹은 후루룩 한 입 맛보는 순간을 떠올렸다. 이게 전부다. 그런데 효과는 놀라웠다. 더 적게 먹으면서도 활력이 넘치고 살도 더 많이 빠졌다. 단지 장애물을 생생하게 생각하는 것이 정신적으로 대비를 시켜 실패하지 않고 목적지에 다다를 수 있었던 것이다. 정신적 대비는 아이들에게 익숙한 게임 전략과 비슷하여 아이들의 게임 시간을 지키는 데 활용할 수 있다.

예를 들어, 한 시간 동안 게임을 하기로 한 아이에게 한 시간이 지났을 때 게임을 계속해야 할 상황을 떠올리게 한다. 시간보다 전투가 더 길어졌다 거나, 친구들과 대화가 길어져서 자기만 나오기 힘든 상황 같은 것이 있을 수 있다. 이런 경우가 무엇이 있을지 아이에게 물어보고 그런 상황이 되었을 때 어떻게 해야 할지 생각하도록 조언을 하면, 그런 상황이 되었을 때 조금 더 빠르고 신속하게 해결할 수 있는 방법이 된다. 무엇이든 미리 연습하면 훨씬 더 잘할 수 있는 원리와 상통한다.

둘째, 학령기 전 아이들은 게임을 할 때 부모님이나 보호자와 함께 하도록 하는 것이다. 게임은 혼자 하는 것이 아니라 함께 하는 것이라는 습관을 들인다면, 사춘기가 되어서도 좋은 부모 자녀 관계가 지속될 수 있는 바탕이 될 것이다. 혹여 스마트폰이나 게임기를 일찍부터 혼자 잘 다루는 영민한 아이라면 '놀이 상황'을 통해 통제가 적절하게 이루어질 수 있다. 이런 아이에게는 아이가 좋아하는 역할을 주는 것도 좋은 방법이다. "용감한 소방관 아저씨, 우리 아이가 게임 시간이 다 되었는데도 계속 게임을 해요. 게임 언제 끝나는지 물어봐 주세요", "그리고 게임기(스마트폰)도 엄마에게 전해주라고 말씀해 주세요". 이런 역할극이 시작되면 아이는 1인 2역을 하며 기분 좋게 게임을 종료할 수 있다.

셋째, 아이들이 게임 속 영웅 페르소나를 현실과 연계시키는 방법이다. 아이들은 물론 어른들도 자기의 긍정적인 자아상을 유지하는 것을 좋아한다. 무언가 잘하는 것을 누군가 알아주면 반가워하는 원리와 유사하다. 많은 아이들은 게임 속에서 영웅을 체험하는 것을 좋아한다. 게임 속 세상을 구하거나 자신의 팀이 승리를 하는 데 기여하기를 원한다. 주말 오후 늦게까지 영웅 노릇에 몰두한 아이를 게임 밖으로 불러오려면 그 영웅을 호출하는 것이 한 방법이다. "엄마에게도 영웅(챔피언)의 도움이 필요한데 좀 도와줄 수 있을까?" 그럴 때면 대부분 아이들은 조금만 기다리라며 목소리도 영웅처럼 낮게 깔고 "뭘 도와줄까요"라고 말하며 어머니를 찾는다. 마치 게임 속 영웅이 세상 밖으로 나온 것처럼 말이다.

마지막으로, 아이가 못 지키던 게임 시간을 지켰을 때 알아채고 칭찬해 주는 것이다. 사실 재미있는 것을 멈추는 것은 어른도 어렵다. 아이가 제시간에 맞추어 게임을 멈추는 것은 놀라운 성장의 증거다. 축하받아 마땅한 일이다. 어른의 입장에서 너무 당연하다고 생각하고 무시하면 이런 성취를 다시 발휘할 기분이 나지 않는 것은 너무 당연하다. 반면 자신의 노력에 대해 부모가 알아봐 주고 칭찬을 받은 아이는 게임뿐 아니라 다른 생활의 영역에서도 통제력을 발휘하는 적극적이고 능동적인 모습을 보일 가능성이 높아진다.

3) 아이가 하는 게임을 알고 싶을 때

게임이 없던 시절에도 청소년들은 좌충우돌하면서 커갔다. 부모가 아이들의 마음을 이해하고 이들과 원활하게 소통을 한다면 갈등보다는 조화로운 성장이 촉진된다는 사실이 여러 연구를 통해 이미 검증되었다. 이런 점에서 부모들도 자녀들의 게임을 좀 더 깊게 이해할 필요가 있다. 자녀가 무슨 게임을 하는지 알려면 게임문화재단 홈페이지의 '게임이용확인서비스'[1]를 이용하면 게임 사이트 가입 여부 및 게임 종합 정보를 확인할 수 있다. 또한 자녀들이 연령에 맞는 게임을 하고 과도한 비용 지출은 하지 못하도록 스마트폰과 콘솔 게임기에는 '자녀보호기능'이 탑재되어 있다. 이러한 내용은 게임물관리위원회 홈페이지에서 '게임이용지도서'[2]를 다운받으면 자세하게 안내되어 있다.

그러나 가장 좋은 것은 아이들이 스스로 자신에게 맞는 게임을 선택하고 시간을 통제하여 즐길 수 있도록 지도하는 방법일 것이다. 이를 위해서는 부모도 4차 산업혁명 시대에 맞는 새로운 지식과 기술 그리고 태도로 혁신

---

1 게임문화재단 홈페이지(www.gameculture.or.kr) 〉 사업소개 〉 건강한 게임문화의 홍보 및 기반 조성 〉 게임이용확인서비스.

2 게임물관리위원회 홈페이지(www.grac.or.kr) 〉 참여마당 〉 자료실 〉 '게임이용지도서(교사, 학부모용)'.

할 필요가 있다. 이런 부모를 둔 아이는 더 크고 넓은 세상을 주도할 수 있는 유능한 인재로 성장할 것을 믿어 의심치 않는다.

참고문헌

박성진·김상균. 2017. 「교육 게이미피케이션 환경에서 바틀의 플레이어 유형간 학업 성취도 차이 검증」. ≪한국게임학회지≫, 17(4), 25~36쪽.

이장주. 2021. 『게임세대 내 아이와 소통하는 법』. 서울: 한빛비즈.

한국콘텐츠진흥원. 2021. 『2021 대한민국 게임백서』. 나주: 한국콘텐츠진흥원.

Bartle, R. 1996. "Hearts, clubs, diamonds, spades: players who suit MUDs." *Journal of MUD Research*, 1(1). http://www.arise.mae.usp.br/wp-content/uploads/2018/03/Bartle-player-types.pdf (검색일: 2022.10.31).

Brehm, J.W. 1966. *A Theory of Psychological Reactance*. New York: Academic Press.

Chabris, C.F. and D.J. Simons. 2010. *The Invisible Gorilla: And Other Ways Our Intuition Deceives Us*. New York: Crown Publishing Group.

Connellan, J., S. Baron-Cohen, S. Wheelwright, A. Batki and J. Ahluwalia. 2000. "Sex differences in human neonatal social perception." *Infant Behavior and Development*, 23(1), pp.113~118.

Financial Times. 2022.1.22. "Why gaming is the new Big Tech battleground." https://www.ft.com/content/2d446160-08cb-489f-90c8-853b3d88780d.

Frey, T. 2019.3.20. "Are certifications more valuable than college degrees?" Futuristic Speaker. https://futuristspeaker.com/future-of-education/are-certifications-more-valuable-than-college-degrees/ (검색일: 2022.10.31).

Kakihara, F. and L. Tilton-Weaver. 2009. "Adolescents' interpretations of parental control: differentiated by domain and types of control." *Child Development*, 80(6), pp.1722~1738.

Kwon, H.B. 2010. "Gender difference in speech intelligibility using speech intelligibility tests and acoustic analyses." *The Journal of Advanced Prosthodontics*, 2(3), pp.71~76.

Moore, C. and P.J. Dunham(eds.). 1995. *Joint Attention: Its Origins and Role in Development*. Hove, United Kingdom: Erlbaum.

Oettingen, G. 2015. *Rethinking Positive Thinking: Inside the New Science of Motivation*. New York: Current.

Porath, C. 2015.6.19. "No time to be nice at work." *The New York Times*. https://www.nytimes.com/2015/06/21/opinion/sunday/is-your-boss-mean.html.

Porath, C.L. and A. Erez. 2009. "Overlooked but not untouched: how rudeness reduces onlookers' performance on routine and creative tasks." *Organizational Behavior and Human Decision Processes*, 109(1), pp.29~44.

Sax, L. 2017. *Why Gender Matters: What Parents and Teachers Need to Know about the Emerging Science of Sex Differences*. New York: Harmony Books.

Silverman, I. and M. Eals. 1992. "Sex differences in spatial abilities: evolutionary theory and data." in J.H. Barkow, L. Cosmides and J. Tooby(eds.). *The Adapted Mind: Evolutionary Psychology and the Generation of Culture*. New York: Oxford University Press.

Todorov, A., M. Pakrashi and N.N. Oosterhof. 2009. "Evaluating faces on trustworthiness after minimal time exposure." *Social Cognition*, 27(6), pp.813~833.

Werner, E.E. and R.S. Smith. 1992. *Overcoming the Odds: High Risk Children from Birth to Adulthood*. New York: Cornell University Press.

6장

미디어로 우리 아이
당당한 디지털 시민으로
키우기

한국교육방송공사 정책연구위원 | 봉미선

방송의 개념이 달라진 지 오래다. 공영방송을 지칭하던 'Public Broadcasting'이 스마트
미디어 시대를 맞아 'Public Service Media', 즉 공공서비스 미디어로 범위가 넓어졌다.
농부가 씨앗을 뿌리듯 방송사가 일방적으로 콘텐츠를 흩뿌리는 세상이 아니다. 시청자
는 뿌려진 씨앗을 받아먹는 단순한 토양이 아니다. 내가 나의 메시지가 담긴 콘텐츠를
만들어 세상으로 내보내고, 타인의 메시지를 나의 눈으로 읽어 나의 것으로 만드는 세상
이다. 미디어라는 디지털 의사소통 수단을 통해 드나드는 메시지들을 어떻게 읽어낼 것
인가? 무엇이 진실이고 무엇이 허위 조작 정보인지 판별할 줄 아는 아이, 미디어를 통해
올바로 메시지를 주고받을 줄 아는 아이, 미디어에 이용당하지 않고 미디어를 이용할 줄

아는 아이, 미디어라는 창을 통해 세상을 바로 볼 줄 아는 아이로 키우려면 부모는 무엇

을 어떻게 해야 할까?

1. 미디어 리터러시 살펴보기

자녀의 미디어 리터러시에 관심을 갖는 부모라면 미디어 리터러시에 대해 충분히 이해하고 있다고 볼 수 있다. 그럼에도 기본을 되짚어 보아야 한다. 눈앞에 펼쳐지고 있는 부모의 걱정이나 우려에 매달리면 미디어 리터러시에 대한 본질을 놓칠 수 있기 때문이다.

학자들은 미디어 리터러시를 '개개인이 미디어 메시지를 분석, 평가하고 만들어내는 데 필요한 지식과 역량'이라고 정의한다(Martens, 2010). 여기에서 '지식'은 미디어 리터러시의 중심이 되어왔던 핵심 개념, 즉 미디어 언어, 재현, 수용자, 미디어 기관 혹은 산업을 의미하고, '역량'은 영국의 미디어 규제 단체인 오프콤(Office of Communications: Ofcom)이 제시하고 있는 '접근하고, 비판하고, 분석하며 창조하는 역량'을 말한다(김아미, 2015).

미디어는 실제 그대로의 세상을 전달하지 않는다. 그들의 눈으로 재구성하기 때문이다. 수용자는 자신의 눈으로 해독할 줄 알아야 한다. 미디어에 담긴 맥락을 비판적으로 받아들일 줄 알고, 미디어를 생산하기 위해서는 미디어의 속성, 사용된 기법, 목적, 저자, 편향성, 가치, 관점 등을 파악할 줄

그림 6-1 **미디어 소비에서 미디어 리터러시로**

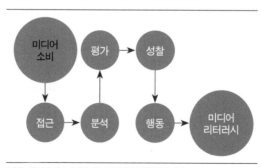

자료: 무라토바·그리즐·미르자흐메도바(2021: 27).

알아야 한다. 그래서 미디어 리터러시가 디지털 시대에 더욱 필수적이다.

미디어 리터러시는 핵심 개념과 핵심 역량으로 구분하여 설명한다. 핵심 개념은 학생들이 이해해야 하는 것이고, 핵심 역량은 할 수 있어야 하는 것이다. 미디어에 대해 알아야 하는 사항은 ① 모든 미디어는 구성되었으며(All media are constructions), ② 각각의 눈으로 메시지를 해석하며(Each person interprets messages differently), ③ 미디어는 상업적 속성을 지니며(The media have commercial interests), ④ 미디어는 이데올로기와 가치를 담은 메시지를 포함하며(The media contain ideological and value messages), ⑤ 각각의 미디어는 고유의 언어, 기술, 코드, 약속들을 가지며(Each medium has its own language, techniques, codes and conventions), ⑥ 미디어는 상업적 함의들을 담고 있으며(The media have commercial implications), ⑦ 미디어는 사회적·정치적 함의들을 지니며(The media have social and political implications), ⑧ 미디어는 형태 및 내용과 밀접하게 관련되어 있다(Form and content are closely related in the media)는 것으로 요약된다(Wilson and Duncan, 2009).

핵심 개념에 대한 이해를 바탕으로 갖춰야 할 역량은 다섯 가지(① 접근과 활용, ② 비판적 이해, ③ 창의적 생산, ④ 소통과 참여, ⑤ 윤리와 규범)로 정리할 수 있다(봉미선·신삼수, 2020).

우리는 자녀에게 미디어 리터러시를 가르쳐야 하는 이유가, 너무 많은 시간을 미디어에 매달리는 아이를 구제한다거나 쓸데없는(부모의 시각에서) 콘텐츠에서 눈을 뗄 줄 모르는 아이를 책상에 앉히고 싶은 부모의 욕망에서 출발하는 경우를 흔히 볼 수 있다. 이는 최근까지 미디어 리터러시 교육이 미디어로부터 청소년들을 보호하는 방안을 찾고 가르치는 데 치우친 원인이다. 이제는 미디어에 청소년들이 참여하고, 자신의 메시지를 표현하고, 미디어 안팎에서 긍정적인 변화를 이끌어낼 수 있는 방안을 찾아 나설

표 6-1 **민주시민 육성을 위한 미디어 리터러시 역량 정의**

구분	정의
접근과 활용	다양한 미디어를 통해 필요한 자료를 찾아 적확한 정보를 선택하여, 의도에 맞게 활용할 줄 아는 능력
비판적 이해	미디어 리터러시 핵심 개념(저자, 포맷, 수용자, 콘텐츠, 동기)에 기반하여 콘텐츠의 내용과 맥락을 파악할 줄 아는 능력
창의적 생산	미디어 특성과 언어를 활용하여 고유의 의미 있는 메시지를 창출하며, 사회적으로 이로운 문화 콘텐츠를 생산할 수 있는 능력
소통과 참여	미디어를 통해 다른 사람과 어울릴 수 있고, 시민사회의 일원으로서 책임 있게 참여하는 능력
윤리와 규범	윤리를 준수하며, 표절 금지, 초상권 보호, 개인정보 보호 등 사회적 규범을 숙지하고 준수하는 능력

자료: 봉미선·신삼수(2020: 56).

때다. 부모부터 미디어 리터러시 개념과 핵심 역량에 대해 이해할 때, 의무와 책임을 일깨우는 수준에서 나아가 자녀들이 권리를 행사할 수 있도록 키울 수 있다.

2. 디지털 시대의 방송

'미디어 빅뱅'이라는 말은 십수 년 전부터 회자되었다. IPTV가 등장하던 2008년만 해도 방송이라는 플랫폼은 그 전통을 살려 오래도록 거실과 안방을 차지할 줄만 알았다. 1922년 영국 BBC가 방송을 시작하고 올해(2022년) 100주년이 되었다. 1956년 한국은 처음으로 TV 전파를 발사하고 1980년에 처음으로 컬러TV 방송을 시작했다. TV 전파 64년, 컬러TV 등장 42년 역사다. 하지만 지난 수십 년의 TV 역사보다 스마트폰 등장에 따른 최근 몇 년간의 새 변화가 더 급격하다.

방송(broadcasting)은 전파를 이용하여 완성된 콘텐츠, 유익한 정보, 준비된 프로그램을 넓게 뿌리는 송신 행위 또는 송신 체계로 정의되어 왔다. 즉, 방송은 개인을 포함하여 기업이나 조직 등 화자가 설득적·오락적·정보적 메시지를 텔레비전이나 라디오, 케이블, 위성과 같은 다양한 채널 또는 매체를 통해 다수의 집단에게 대규모의 효과를 염두에 두고 송신하는 행위를 뜻한다. 우리나라 '방송법'은 1963년에 제정되었다. 1961년 KBS가 TV 방송을 시작한 지 2년 뒤였다. 1969년에는 MBC가 방송 전파를 내보냈다. 1980년 컬러TV 방송을 시작했고, 1990년 EBS가 방송을 시작했다. 1991년에 '종합 유선방송법'이 제정되었으며, 1995년에 아날로그 케이블TV가 등장했다. 2000년에는 '방송법'과 '종합유선방송법' 등을 통합하여 새로운 '방송법'을 만들었다.

1963년 제정된 '방송법'은 방송을 "공중에게 수신될 것을 목적으로 정치·경제·사회·문화 등 제 현상을 보도·평론하며, 교양·음악·연예 등을 전파하기 위하여 하는 무선통신의 송신"으로 정의했다. 이후 2000년 개정된 '방송법'은 방송을 "방송프로그램을 기획·편성 또는 제작하고 이를 공중(개별계약에 의한 수신자를 포함하며, 시청자)에게 전기통신설비에 의하여 송신하는 것"으로 정의하고 있다. 방송의 정의는 방송의 환경과 기술이 변화하고 방송에 담아내는 내용 또한 다양해지고 장르 간 융합됨에 따라 진화되고 확대되고 있다.

스마트 미디어는 이용자를 더 이상 단순히 소비자의 위치에 놓지 않는다. 스마트 미디어가 가져온 가장 큰 변화는 누구나 공급자가 될 수 있는 환경을 제공했다는 점이다. 스마트 미디어 초창기 UCC(User Created Content)라는 이름으로 소비자가 공급자로 나서기 시작했다. 기존 방송사들의 콘텐츠와 품질적인 측면은 비교하기 힘들 정도였다. 하지만 최근 들어 확연히 달라졌다. 공신력 있는 전문가들이 콘텐츠 공급자로 당당히 나서고 있다.

콘텐츠 품질 측면에서 지상파 방송사의 그것과 크게 차이 나지 않는다. 제도의 틀에 갇힌 지상파보다 개인들이 만든 콘텐츠가 스마트 미디어, 모바일 문법에 최적화된 경우가 많다. 미디어 콘텐츠 공급자와 수요자를 따로 구분하기 힘든 시대 변화는 일시적인 현상이 아니다. 미래 미디어 환경의 전형적인 틀로 자리 잡을 수밖에 없다.

미디어 기술 발전과 이용 행태 변화는 방송의 개념을 바꾸어놓았다. 공영방송을 지칭하던 'Public Broadcasting'이 스마트 미디어 시대를 맞아 'Public Service Media', 즉 공공서비스 미디어로 개념을 확장했다(Lowe and Bardoel, 2008). 농부가 씨앗을 뿌리듯 방송사가 일방적으로 흩뿌리는 세상이 아니다. 시청자는 뿌려진 씨앗을 받아먹는 단순한 토양이 아니다. 내가 나의 메시지가 담긴 콘텐츠를 만들어 세상으로 내보내고, 타인의 메시지를 나의 눈으로 읽어 나의 것으로 만드는 세상이다. 그 속에서 우리 아이들이 자라나고 있다.

방송통신위원회가 매해 실시하는 방송매체이용행태조사 결과에 따르면, 우리는 하루 평균 2시간 3분 스마트폰을 이용하며, 3시간 4분 TV를 시청한다(방송통신위원회, 2021). 여전히 하루 평균 TV 시청 시간이 스마트폰 이용 시간을 앞서고 있으나, 우리가 살아가는 데 꼭 있어야 하는 필수 매체로는 스마트폰(70.3%)이 TV(27.1%)를 제친 지 오래다. 자녀들이 인식하는 필수 매체는 단연 스마트폰이다. 일상생활의 필수 매체로 TV를 꼽는 10대는 0.1%, 20대는 4.5%에 불과하다.

대한민국 유니세프는 만 18세 미만 아동을 대상으로 '아동의회'를 구성해 운영하고, 아동정책제안서를 발간한 바 있다(유니세프한국위원회, 2022). 보고서는 아동들이 온라인에서 영상을 보고 뉴스 기사를 읽는 등 활동을 하다 보면 성인과 동일하게 유해한 콘텐츠에 무방비로 노출됨을 심각한 문제로 적시했다. 특정 영상 플랫폼에서는 별도의 어린이용 채널을 운영하고

그림 6-2 **2021년 유니세프 아동 대상 설문 주요 결과**

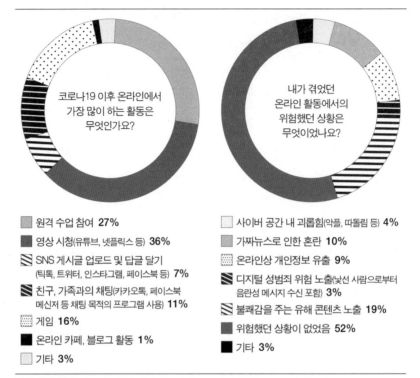

원격 수업 참여 **27%**

영상 시청(유튜브, 넷플릭스 등) **36%**

SNS 게시글 업로드 및 답글 달기
(틱톡, 트위터, 인스타그램, 페이스북 등) **7%**

친구, 가족과의 채팅(카카오톡, 페이스북
메신저 등 채팅 목적의 프로그램 사용) **11%**

게임 **16%**

온라인 카페, 블로그 활동 **1%**

기타 **3%**

사이버 공간 내 괴롭힘(악플, 따돌림 등) **4%**

가짜뉴스로 인한 혼란 **10%**

온라인상 개인정보 유출 **9%**

디지털 성범죄 위험 노출(낯선 사람으로부터
음란성 메시지 수신 포함) **3%**

불쾌감을 주는 유해 콘텐츠 노출 **19%**

위험했던 상황이 없었음 **52%**

기타 **3%**

자료: 유니세프(2022: 34~35).

있지만, 아동들은 별다른 제재 없이 성인 콘텐츠를 접할 수 있었다. '전기통신사업법' 제32조(청소년 유해매체물 등의 차단)에 따르면, 관련 사업자가 청소년 스마트폰 가입자가 유해정보에 접할 수 없도록 차단수단을 제공해야 한다. 보고서는 유해 콘텐츠뿐 아니라 온라인 범죄에 아동이 무방비로 노출되는 문제에 사회가 경각심을 가질 것을 촉구했다. 유니세프가 실시한 2021년 코로나19 이후 아동들의 온라인 생활 조사 결과는 우리 자녀들의 온라인 속 영상물에 대한 인식을 살펴볼 수 있다. 자녀들은 불쾌감을 주는 유해 콘텐츠 노출과 가짜뉴스로 인한 혼란을 온라인 활동 중 위험했던 상황으로 인식했고, 폭력적이거나 선정적인 광고나 사진, 글, 영상 등을 접한 적이 있는 아동 중 42%는 유튜브 등을 통해 접했고, 페이스북, 인스타그램, 트위터 등 SNS를 통한 피해는 23%로 그다음을 차지했다.

OTT가 등장하고 유튜브가 대한민국 일상 매체가 되면서 TV 중심의 영상 콘텐츠 소비는 옛날 일이 되었다. ≪뉴욕타임스≫는 2020년 지면에서 TV 편성표를 없애기로 결정했다(≪국민일보≫, 2020.9.1). TV 편성표는 더 이상 사람들이 영상 콘텐츠를 소비하는 방식에 영향을 주지 않는다고 보았기 때문이다. 방송 프로그램을 시청하기 위해 정해진 시간에 온 가족이 TV 앞에 모여 방송을 보며 이야기를 나누는 풍경은 이제 볼 수 없는 추억이 되었다. 오늘날 가정에서는 각자 스마트폰을 붙들고 자신이 선호하는 프로그램을 홀로 시청한다. 스마트폰으로 보는 프로그램 가운데 방송사가 만든 프로그램은 일부에 지나지 않는다. 개인이 만들어 올린 프로그램, 방송 제작의 틀에 얽매이지 않은 자유분방한 프로그램이 스마트폰 시청자의 시선을 사로잡는다.

과거 우리는 TV를 통한 현실의 재구성을 이해하고 TV를 통한 세상 바로 보기를 중시 여겼다. 방송사는 공급하고 시청자는 소비하는 문법을 이해하면 될 일이었다. 그러나 디지털 환경과 더불어 사람들 삶에 파고든 스마트폰은 기존 미디어의 기획·제작·유통·소비의 수직적 관계에서 누구나 기획에서 소비까지 공급자가 될 수 있는 수평적 가치사슬로 바꾸어버렸다. 스마트폰을 사용하게 되면서 정보의 선택권이 소비자에게 넘어갔을 뿐 아니라 소비자는 정보의 생산에 있어서도 창작자의 역할을 수행하게 된 것이다. 일반 시청자 누구나 창작이 가능한 미디어 환경이 펼쳐졌으며, 미디어 소비 형태는 '모아 보기', '빨리 보기', '잘라 보기', '혼자 보기' 등으로 수렴되고 있다.

3. 방송, 미디어 그리고 유튜브

가장 주목할 것은 넷플릭스, 유튜브 등 글로벌 OTT로 수렴되는 미디어 이용 행태다. MZ세대(밀레니얼 세대, Z세대), 알파세대(2010년 이후 출생 13세 이하 세대)로 불리는, 스마트폰과 영상을 통한 정보 소비에 익숙한 디지털 네이티브의 미디어 이용은 수챗구멍 물 빠지듯 유튜브로 수렴된다.

유튜브는 그간의 TV 수상기 중심의 영상 기획과 제작, 유통 플랫폼 전반을 디지털 기반으로 바꾸어놓았다. 대한민국 OTT 이용자 중 10대는 87.5%, 20대는 89.3%가 유튜브로 영상 콘텐츠를 시청한다.

원하지 않더라도 유튜브를 제쳐두고 미디어를 논하기 어렵다. '레거시(legacy)'라고 불리는 방송사들도 유튜브를 좇아가기 바쁘다. 누가 뭐래도 미디어 플랫폼의 미래이자 미디어 기업의 미래이기 때문이다. 유튜브는 어떻게 생겨났으며, 어떤 방식으로 콘텐츠를 생산하고, 소비하도록 유도하며, 이용자들과 소통할까?

유튜브는 2005년 스티브 첸, 채드 헐리, 자베드 카림이 서로 소식을 동영상으로 나누며 사이트가 개설되었다. 다음 해에 구글(Google)이 유튜브를 인수한 후 2008년 국내 한글판 사이트(www.youtube.co.kr)가 공식 출시되었다. 현재 미국에서만 서비스되고 있는 주문형 TV 서비스 '유튜브 TV(YouTube TV)'는 2017년 출시되었으며, 2018년 광고 없이 유료로 동영상 콘텐츠를 제공하는 '유튜브 레드(YouTube Red)'(현재, 유튜브 프리미엄)를 선보였다. 이 외에도 '유튜브 뮤직(YouTube Music)'과 '유튜브 키즈(YouTube Kids)'를 유료 서비스함에 따라 음악을 광고 없이 오프라인 또는 잠금화면 상태에서도 감상할 수 있다(남윤재 외, 2021).

유튜브의 콘텐츠 생산과정은 기존 방송사의 그것과 확연히 다르다. 유튜브는 누구나 자신이 원하는 영상 콘텐츠를 시청하고 생산할 수 있는 플랫

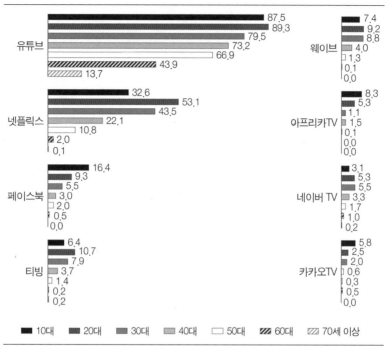

그림 6-3   **2021년 연령별 주요 온라인 동영상 서비스(OTT) 이용률**   (단위: %)

유튜브
87.5
89.3
79.5
73.2
66.9
43.9
13.7

웨이브
7.4
9.2
8.8
4.0
1.3
0.1
0.0

넷플릭스
32.6
53.1
43.5
22.1
10.8
2.0
0.1

아프리카TV
8.3
5.3
1.1
1.5
0.1
0.0
0.0

페이스북
16.4
9.3
5.5
3.0
2.0
0.5
0.0

네이버 TV
3.1
5.3
5.5
3.3
1.7
1.0
0.2

티빙
6.4
10.7
7.9
3.7
1.4
0.2
0.2

카카오TV
5.8
2.5
2.0
0.6
0.3
0.5
0.0

■ 10대 ■ 20대 ■ 30대 ■ 40대 □ 50대 ▨ 60대 ▨ 70세 이상

자료: 방송통신위원회(2021: 126).

폼이다. 유튜브에는 매분 500시간이 넘는 분량의 동영상이 업로드된다. 유튜브는 '커뮤니티 가이드'를 홈페이지에 게시하고 전 세계 사용자들이 재미있고 즐거운 공간으로 유지하기 위해 가이드를 지켜줄 것을 요청하며, 가이드라인을 위반한다고 생각되는 콘텐츠는 누구나 신고(flag)할 수 있는 기능을 두고 있다. 유튜브 커뮤니티 가이드의 핵심은 커뮤니티를 안전하게 유지하는 것으로, 시청자와 크리에이터 특히 미성년자를 보호하기 위해 다른 사용자를 상대로 사기, 현혹, 스팸 발송, 사취하려는 의도가 있는 콘텐츠, 과도한 노출이 있거나 성적인 콘텐츠, 자해 및 아동 안전 등과 관련된 콘텐츠, 폭력적이거나 위험한 콘텐츠, 잘못된 정보 등은 제한하고 있으며,

위반 크리에이터에 대해서는 권한 정지부터 계정 해지 등의 조치를 취하고 있다(유튜브, 2022b). 그러나 유튜브 커뮤니티 가이드는 이미 영상이 유포된 후 적용되며, 유튜버들은 새 계정을 개설해 활동이 가능한 것이 현실이다. 유튜브 콘텐츠의 선정성과 폭력성이 기존 미디어의 수위를 상회하고 있고 초중생에게 인기 있는 유튜버의 욕설이 여과 없이 노출되는 등 문제점이 지적되어 왔다(김형진·정효정, 2021).

'알고리즘'으로 대표되는 유튜브의 콘텐츠 추천 시스템은 철저히 이용자의 관심과 패턴을 반영한다. 유튜브는 어떤 방식으로 소비자의 관심을 불러일으키고 이용하도록 만들까? 무슨 방법으로 세대를 아울러 가장 많은 사람이 가장 많은 시간을 투입하여 머무르게 할까? 유튜브의 괄목할 만한 성장은 플랫폼의 적극적인 광고 수익 배분 정책에 있다. 유튜브의 적극적인 광고 수익 배분 정책은 고수익 채널 운영자를 탄생시켰다. 유튜브를 움직이는 원동력은 이용자의 증가와 광고주의 적극적인 광고 마케팅 그리고 유료 구독 모델 서비스(유튜브 프리미엄)를 꼽는다. 유튜브는 이 외에도 '슈퍼 챗(Super Chat)', '채널 멤버십', '상품(채널 스토어)' 도구를 개발해 크리에이터의 수익을 창출하도록 한다. 슈퍼 챗은 실시간 채팅 중 크리에이터와 이용자가 소통할 수 있는 방법으로 시청자는 슈퍼 챗을 구매하여 실시간 채팅 중에 메시지를 강조할 수 있고 슈퍼 스티커를 구매해 실시간 채팅 피드에 디지털 또는 애니메이션 이미지를 표시할 수 있다. 2021년 8월 15일 기준으로 구독자 수를 공개한 활동성이 있는 채널은 5473만여 개 정도로 추정되며, 이 중에서 구독자 수 1000만 명 이상의 다이아몬드버튼 채널은 937개, 구독자 수 100만 이상의 골드버튼 채널은 2만 6032개, 실버버튼(구독자 수 10만 명 이상) 채널은 23만여 개, 브론즈버튼(구독자 수 1만 명 이상) 채널은 125만여 개에 달한다. 유튜브는 구독자 1000명 이상, 연간 누적 시청 시간 4000시간 이상 채널에게 광고 수익을 배분하고 있다(최민재·김경환, 2021). 유튜브의 구독과 시청은 수익과 연동됨에 따라 유튜버들은 더 자극적 영상과 선정적 내용을 가리지 않고 있다. 이용자들이 동영상을 많이 볼수록 유튜브의 수익 규모도 늘어나므로 유튜브는 이용자들에게 어떤 영상을 보라고 추천한다. 이러한 유튜브의 추천 알고리즘은 영업 비밀로 공개되지 않는다. 이용자들은 유튜브의 알고리즘 추천 영상을 보는 데 상당 시간을 할애하고 있으며, 유튜브 추천 알고리즘은 이용자를 유튜브에 오래 체류시키는 것이 주요 목표(오세욱·송해엽, 2019)인 만큼, 주체적인 유튜브 소비가 필수적이다.

유튜브는 참으로 영리하게 이용자의 참여를 유도하고, 효율적으로 제작자와 소비자가 소통할 수 있는 통로를 제공한다. 유튜브는 어떤 방식으로 이용자의 참여와 소통을 이끌어내고 있을까? 유튜브는 누구나 어디에서나 이용 가능한 편의성이 우수한 플랫폼인 만큼 상호성 또한 매우 높다. 앞서 언급한 유튜브의 수익 창출 과정은 모든 이용자의 참여와 소통에 기반한다. 유튜브는 건전한 유튜브 생태계를 위해 정책을 위반하는 콘텐츠는 삭제하고(remove), 사용자에게 피해를 입힐 수 있는 잘못된 정보와 정책 위반 콘텐츠의 확산을 방지하고(reduce), 공신력 있는 출처의 뉴스와 정보를 우선순위에(raise) 두고 있다. 유튜브는 모든 회원이 부적절한 동영상, 채널 및 기타 콘텐츠를 신고할 수 있도록 하고 가이드라인에 따라 콘텐츠를 삭제하고 있다. 2021년 4~6월 기준으로 콘텐츠 삭제 건수는 아동보호 187만 건(29.9%), 과도한 노출 또는 성적인 콘텐츠 140만 건(22.4%), 폭력적 또는 노골적인 콘텐츠 105만 건(16.8%) 순이다(유튜브, 2022a). 특히 아동보호 위반이 높은 만큼 유튜브 키즈 앱은 자녀가 시청할 연령을 만 4세 이하, 만 5~8세, 만 9~12세의 세 단계로 구분해 서비스 중이며, 보호자는 자녀의 시청 프로필을 정의하여 자녀에게 노출되는 동영상을 직접 선택할 수 있다.

요즘 어린이들에게 최고 인기 캐릭터는 무엇일까? 국내 유튜브 키즈 카

그림 6-4 **유튜브 키즈 보호자 가이드**

YouTube Kids 시작하기

YouTube Kids 계정 및 설정

YouTube Kids 시청하기

YouTube Kids 프로필

TV용 YouTube Kids

YouTube의 감독 환경

YouTube Red

YouTube 크리에이터를 위한 정보

보호자에게 **YouTube Kids**를 설정해 달라고 말해 보세요

어린이입니다   보호자입니다

자세히 알아보기

자료: (왼쪽) 유튜브 키즈 보호자 가이드(2022); (오른쪽) 유튜브 키즈(2022).

테고리 중 단연 인기 있는 채널은 보람튜브(구독자 1440만 명), 비보와 장난 감(구독자 1260만 명), 핑크퐁(구독자 1100만 명)이다(vling, 2022). '핑크퐁 상어가족'은 2015년 12월 등장한 뒤 세계 어린이의 사랑을 받아왔다. 특히 '핑크퐁 아기상어 체조(Baby Shark Dance)'는 전 세계 유튜브 조회 수 1위를 넘어 세계 최초로 100억 뷰를 달성하며 기네스북에 등재되었다. 누적 시청 시간은 4만 3000년을 기록해 '구석기 시대부터 재생된 영상'으로 통할 정도다(옥스퍼드 이코노믹스, 2021). 핑크퐁 유튜브 채널은 25개 언어로 콘텐츠를 제공하며, 전 세계 247개국에서 1억 명이 넘는 구독자를 확보 중이다. '보람튜브'는 또 어떤가? 아동학대로 고발돼 보호처분을 받고, 아빠 지갑에서 돈을 훔치는 상황을 연출하고, 실제 도로에서 아동에게 차를 운전하게 하는 등 논란이 일었음에도(한국경제TV, 2020.7.3; 헤럴드경제, 2021.2.26) 여전히 상위권 유튜브 채널 중 하나다.

4. 당당한 디지털 시민으로 키우기

미디어 리터러시는 국어, 영어, 수학과 다르다. 관련 서적을 꿰찬다고 될 일이 아니다. 학교에서 배우는 윤리보다 집에서 가르치고 배우는 예의범절이 더 큰 영향을 발휘하듯이, 미디어 리터러시 또한 생활 속에서 평생 익혀가야 할 대목이다. 부모의 영향이 클 수밖에 없다. 아날로그를 발판 삼아 성장해 온 부모 세대가 디지털을 넘어 스마트 미디어, OTT 시대를 살아가는 자녀를 가르치기란 쉬운 일이 아니다.

부모가 자녀를 '교육'한다기보다 부모가 자녀와 함께 '학습'한다고 보는 게 옳다. 시대를 앞서가는 자녀의 바지를 붙잡는다고 될 일이 아니다. 그들과 함께 대화하고, 그들의 속도에 맞춰 뛰어보겠다는 부모의 결심이 먼저다. 디지털 미디어가 무엇인지, 미디어라는 디지털 의사소통 수단을 통해 드나드는 메시지들을 어떻게 읽어낼 것인지 알아야 한다. 미디어 리터러시 핵심 개념이 무엇이고, 미디어가 범람하는 시대에 자녀가 당당한 디지털 시민으로 살아가기 위해서는 어떤 역량을 갖춰야 하는지부터 살펴야 한다.

미디어 참여는 책임을 요구한다. 사회적 규범을 따라야 하고, 다른 사람의 권리 침해를 용납하지 않는다. 누구나 미디어 제작 과정에 참여할 수 있는 디지털 시대에는 초상권, 개인정보, 저작권 보호가 필수다(정현선 외, 2015). 확인되지 않은 사실을 유포한다거나 타인의 사생활을 침해하지 않기 위해서는 관련 규범을 숙지해야 한다(Strasburger, Wilson and Jordan, 2009). 어린이와 성인에 비해 청소년의 미디어 리터러시 규범 준수 능력이 가장 낮다는 연구 결과는 눈여겨볼 부분이다(안정임, 2013).

유니세프한국위원회(2021)는 아동들이 안전하게 온라인 활동을 하기 위한 가이드를 제공하고 있다. 첫째, 루머를 퍼뜨리지 말 것을 권고한다. 누군가 상처를 입거나 난처해질 수 있는 내용이나 사진을 공유하지 말 것을 강조한다. 그저 장난으로 한 일이 다른 이에게는 깊은 상처가 될 수 있음을 설명한다. 둘째, 온라인 문법에 대해 아는 것이 힘이므로, 관련 단체인 유니세프, 교육부 웹사이트 국민 참여 토론 광장, 대한민국 어린이국회 홈페이지에서 안전하게 온라인을 활용하는 방법과 경험을 공유하라고 제언한다. 셋째, 개인정보 보호 설정과 비밀번호를 확인할 것을 강조한다. 지금 사용하는 비밀번호가 12345처럼 보안등급이 낮은 수준은 아닌지, 친구와 비밀번호를 공유하고 있지는 않은지, 온라인에 올린 게시물을 누가 볼 수 있는지, 개인정보 보호 설정을 언제 마지막으로 체크했는지 수시로 점검할 것을 권고한다.

자녀를, 무엇이 진실이고 무엇이 허위 조작 정보인지 판별할 줄 아는 아이, 미디어를 통해 올바로 메시지를 주고받을 줄 아는 아이, 미디어에 이용당하지 않고 미디어를 이용할 줄 아는 아이, 미디어라는 창을 통해 세상을 바로 볼 줄 아는 아이로 키우기 위해서는 부모가 한발 앞서 좀 더 멀리 내다봐야 한다. 미디어 콘텐츠가 범람하는 시대에 '불량식품'으로 비유되는 허위 조작 정보(가짜뉴스)를 걸러내기 위해서는 '비판적 이해' 역량을 갖추어야 한다. 거짓은 더욱 진실처럼 다가온다. 조작된 정보는 사실과 진실보다 더 빨리, 더 멀리 퍼져나간다. 디지털 시대에는 더욱 그렇다.

미디어 리터러시 역량은 21세기 인재의 역량 가운데 하나다. 디지털 스마트 미디어 시대에 접어들어 보고 듣는 데서 나아가 미디어를 직접 제작하며 참여한다. 그 과정에서 규범에 대한 이해와 윤리 의식 또한 중요한 부분으로 인식되고 있다. 미디어 리터러시 교육의 지향점은 모든 아이들을, 올바른 시선으로 책임을 다하고 권리를 행사할 줄 아는 당당한 디지털 시민으로 키우는 데 있다.

부모는 무엇이 진실이고 거짓인지를 그래도 더 잘 이해할 수 있다. 미디어에 끌려가는지 미디어를 끌고 가는지, 스마트 미디어가 내 것인지 내가 스마트 미디어의 것인지를 적어도 부모는 알고 있다. 미디어 리터러시의 핵심 개념을 바탕으로 자녀와 식사하듯 미디어를 함께 하자. 밥상머리 교육하듯 미디어에 대해 대화하자. 안 되는 일이라며 손사래 치고, 제도권 교육에만 맡겨둘 일이 아니다. 미디어 리터러시 교육이야말로 생활 속에서 부모와 자녀가 자연스럽게 해볼 수 있는 몇 안 되는 과목이다. 윤리이자 예체능이다. 부모와 자녀가 미디어로 어울릴 때, 아이들이 당당한 디지털 시민으로 디지털 미디어의 대양을 순항할 수 있을 것이다.

참고문헌

≪국민일보≫. 2020.9.1. "'TV편성표 보는 사람 없다'… 뉴욕타임스, 신문서 빼기로". http ://news.kmib.co.kr/article/view.asp?arcid=0014963467&code=61131511&cp=nv.
김아미. 2015. 『미디어 리터러시 교육의 이해』. 서울: 커뮤니케이션북스.
김형진·정효정. 2021. 「유튜브 리터러시 교육 프로그램 개발 및 적용」. ≪Global Creative Leader≫, 11(2), 31~55쪽.
남윤재·노광우·봉미선 외. 2021. 『유튜브의 이해와 활용』. 파주: 한울엠플러스.
무라토바, 노지마(N. Muratova)·알톤 그리즐(A. Grizzle)·딜푸자 미르자흐메도바(D. Mirzakhmedova). 2021. 『저널리즘과 미디어·정보 리터러시: 언론인과 저널리즘 교육자를 위한 핸드북(Media and Information Literacy in Journalism: A Handbook for Journalists and Journalism Educators)』. 임영호 옮김. 서울: 한국언론진흥재단·유네스코한국위원회.
방송통신위원회. 2021. 「2021 방송매체이용행태조사」.
봉미선·신삼수. 2020. 「디지털 시대 미디어 리터러시 역량 증진을 위한 공영방송의 역할 고찰」. ≪방송과 커뮤니케이션≫, 21(3), 41~75쪽.
안정임. 2013. 「연령집단에 따른 디지털 미디어 리터러시 수준 비교 연구」. ≪학습과학연구≫, 7(1), 1~21쪽.
오세욱·송해엽. 2019. 『유튜브 추천 알고리즘과 저널리즘』. 서울: 한국언론진흥재단.
옥스퍼드 이코노믹스. 2021. 「한국의 기회를 위한 플랫폼: 2021년 한국 내 유튜브의 경제적, 사회적, 문화적 영향력 평가」.

유니세프한국위원회. 2021. 「안전하게 온라인 활동하기」.

_____. 2022. 「유니세프 아동의회 2기 아동정책제안서」.

유튜브. 2022a. "유해한 콘텐츠 관리 현황". https://www.youtube.com/intl/ALL_kr/ho
 wyoutubeworks/progress-impact/responsibility/#removal-reason (검색일:
 2022.8.26).

_____. 2022b. "커뮤니티 가이드". https://www.youtube.com/howyoutubeworks/pol
 icies/community-guidelines/#community-guidelines (검색일: 2022.8.26).

유튜브 키즈. 2022. https://www.youtubekids.com/?source=youtube_web (검색일: 2022.
 8.26).

유튜브 키즈 보호자 가이드. 2022. https://support.google.com/youtubekids/#topic=
 (검색일: 2022.8.26).

정현선·박유신·전경란·박한철. 2015. 「미디어 문해력(Media Literacy) 향상을 위한 교
 실수업 개선 방안 연구」(교육부 2015-12). 교육부.

최민재·김경환. 2021. 『유튜브 저널리즘 콘텐츠 이용과 특성』. 서울: 한국언론진흥재단.

한국경제TV. 2020.7.3. "정부도 '더 세게' 외치는 유튜브… '어디까지가 자극적인가요?'"
 https://www.wowtv.co.kr/NewsCenter/News/Read?articleId=A202007030157
 &t=NN.

≪헤럴드경제≫. 2021.2.26. "'유튜버 더 이상 못하겠어요ㅠㅠ'… 애들이 떠난다!" http://
 news.heraldcorp.com/view.php?ud=20210226000882.

vling. 2022. "순위검색". https://vling.net/search?nation=KR&category=KIDS (검색일: 2022.
 9.1).

Lowe, G.F. and J. Bardoel. 2008. *From Public Service Broadcasting to Public Service
 Media: RIPE@ 2007*. Gothenburg: Nordicom, University of Gothenburg.

Martens, H. 2010. "Evaluating media literacy education: concepts, theories and future
 directions." *Journal of Media Literacy Education*, 2(1), pp.1~22.

Strasburger, V.C., B.J. Wilson and A.B. Jordan. 2009. *Children, Adolescents, and the
 Media*. Los Angeles: Sage.

Wilson, C. and B. Duncan. 2009. "Implementing mandates in media education: the
 Ontario experience." *Comunicar*, 16(32), pp.127~140.

| 7장 |

건강한 디지털 활용을 위한
디지털 페어런팅

한국지능정보사회진흥원 연구위원 | 김봉섭

이 장은 디지털 기술의 등장과 확산에 따른 부모 세대의 고민에서 출발하여 자녀의 건강한 디지털 활용을 위한 부모 전략을 살펴본다. 이 시대를 살아가는 부모 세대들은 모든 것이 디지털로 전환되는 시점에서 디지털 기기 이용은 꼭 필요한 것이라 여기다가도 디지털 기기에 대한 과도한 의존, 사이버 범죄, 프라이버시 상실, 정보 과부하 등 부정적 효과를 생각하면 선뜻 자녀의 디지털 이용에 관대할 수 없기 때문이다. 특히, 자녀들이 디지털화되는 세상을 살아가는 데 필요한 기술의 적응과 역량을 습득할 수 있도록 하면서 디지털 위험으로부터 피해 입지 않도록 지원하는 것이 지금 부모 세대의 가장 큰 과제가 되었다. 이를 위한 부모 전략으로는 먼저 디지털 위험으로부터 자녀들의 안전을 유지하기 위한 방안으로 민주적 통제 방식, 강제적 통제 방식, 기술적 통제 방식 등이 있다. 이에 더해 디지털 이용 규칙의 마련, 효율적인 의사소통, 부모의 디지털 역량 강화 그리고 목적 지향적인 디지털 기기 이용 습관 함양이 필요하다. 급변하는 디지털 기술 변화에 자녀들이 적응하기 위해서는 필요한 역량이 무엇인지 예측하여 지금부터 미리 준비시키는 노력도 필요하다. 이 과정에서 기술에 대한 맹목적인 신뢰는 삼가고 기술에 대한 올바른 생각과 의지가 중요함을 명심하도록 지도해야 한다.

1. 기술 발전과 부모 역할

전 세계적으로 870만 종의 동물이 지구상에 존재한다고 알려져 있다. 인간과 유전자의 96%를 공유하는 원숭이와 유인원 등 영장류도 600종이 넘는다고 한다. 그중 인간은 모든 동물의 최상위에 있다. 시각 능력에선 매가, 청각 능력에선 박쥐가 그리고 후각 능력에선 개가 인간의 능력을 능가함에도 인간은 먹이사슬의 가장 높은 곳에 위치한다. 여타의 동물들과는 다른 인간만이 지닌 독특한 특성이 이를 가능케 했다. 바로 도구를 만들고 활용할 줄 아는 능력과 서로 관계를 맺고 협력하는 사회적 기술이다.

도구와 관련해서 인간은 호모 사피엔스가 출현하기 300만 년 전부터 도구를 만들고 활용했다고 한다. 이처럼 도구를 제작하고 활용할 수 있다는 점에서 프랑스 철학자 앙리 베르그송(Henri Bergson)은 인간을 도구적 인간, 즉 호모 파베르(Homo faber)라고 했다. '지혜가 있는 사람'이라는 뜻이자 현생인류를 의미하는 호모 사피엔스(*Homo sapiens*)에 빗대어, 도구를 만들고 활용할 줄 아는 인간의 능력을 높이 평가하는 말이다. 도구의 제작과 활용이 인간의 본질을 구성하는 중요한 요인이라는 것이다. 물론 일부 동물들에서도 도구 사용이 확인된다. 해달은 조개처럼 딱딱한 껍데기를 깨서 내용물을 먹기 위해 돌을 이용한다. 야생의 침팬지는 몇 가지 일에 도구를 쓴다. 하지만 모두 일부에 지나지 않으며 복잡한 도구를 사용하는 것은 인간만이 지닌 독특한 특징이다.

도구를 포함한 기술의 등장과 대중화는 사람들의 삶의 모습과 형태를 변화시킨다. 그것은 사람들의 사고방식을 변화시키고, 변화된 사고방식을 가진 사람들이 모여 있는 공동체는 문화가 바뀐다. 이렇게 등장한 새로운 공동체 문화는 다시 새로운 도구와 기술을 요구한다. 그러한 요구는 새로운 도구와 기술을 등장시키는 기반이 되어 선순환 구조가 된다. 이렇듯 새로

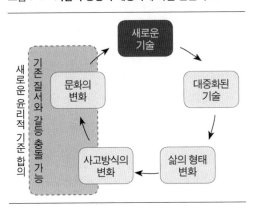

그림 7-1 **기술의 등장과 대중화에 따른 순환 구조**

새로운 기술

대중화된 기술

삶의 형태 변화

사고방식의 변화

문화의 변화

기존 질서와 갈등 충돌 가능

새로운 윤리적 기준 합의

운 도구와 기술은 그 사회와 문화의 필요로 대중화되고, 대중화된 도구와 기술은 그 사회를 살아가는 사람들의 삶의 형태를 변화시키고, 그것은 다시 '사고방식'을 변화시킨다. 사고방식의 변화는 또다시 문화와 역사를 변화시키고, 그러한 변화는 새로운 도구와 기술의 등장을 요구한다. 이것이 '도구와 기술'의 역사다(한국정보화진흥원 엮음, 2010).

실제로 인류 역사를 보면 새로운 기술이 인간 문명의 모든 혁명을 촉발했다고 해도 과언이 아니다. 농업혁명에 이은 산업혁명은 인쇄기의 발명 덕분에 가능했다. 손으로 필사하던 책을 인쇄기를 통해 대량으로 제작할 수 있게 되면서 기계가 '대량생산'을 가능하게 할 수 있다는 이데올로기를 인류에게 심어주었다. 이는 새로운 기계의 발명을 가속화시킨 동인이 되었다. 인쇄 기술이 역사의 흐름을 바꿔놓은 것이다.

이어진 자본주의 사회의 도래는 대중매체의 발명으로 인해 가능했다. 대중매체의 영향으로 '대량소비'의 가치가 확산되면서 대량생산, 대량소비의 메커니즘이 완성된 것이다. 그리고 바로 직전의 디지털 혁명은 '컴퓨터와 인터넷'의 등장이 원인이었음을 누구나 알고 있다. 최근에는 인공지능, 사물 인터넷, 빅데이터, 모바일, 소셜미디어, 메타버스 등과 같은 대표적인 디지털 기술들로 인해 전 세계가 4차 산업혁명 시대로 진입했다. 이처럼 새로운 도구나 기술은 인류 역사에서 변곡점으로 작용하여 이전과 전혀 다른 세상으로의 변모를 가능케 했다.

문제는 도구나 기술이 등장하여 확산하는 속도다. 5000만 명의 가입자를 확보하는 데 걸린 시간이 전화가 15년이었는데 라디오는 10년, 아이팟(iPod)은 5년 그리고 스카이프(Skype)는 불과 2년밖에 걸리지 않았다. 모바일 게임 앵그리버드 스페이스(Angry Birds Space)는 단 31일 만에 5000만 명의 이용자를 확보했다(Dobbs, Manyika and Woetzel, 2016). 새로운 기술이 사회에서 채택되고 대중화되는 속도가 점점 더 빨라지는 경향을 보이고 있다.

이처럼 새로운 도구나 기술의 발명과 적용이 워낙 빠르게 진행되다 보니 각각의 도구나 기술을 놓고 충분히 생각하고 고민할 시간이 거의 없어졌다. 각각의 도구나 기술에 적응할 시간은 말할 것도 없다. 알렉사(Alexa), 고펀드미(GoFundMe), 인스타그램(Instagram), 리프트(Lyft), 핀터레스트(Pinterest), 시리(Siri), 스냅챗(Snapchat), 틱톡(Timtok), 틴더(Tinder)…. 당신은 이 중에 알고 있거나 사용해 본 것이 모두 몇 개인가? 10년 전까지만 해도 이런 것들은 세상에 없었다. 한마디로 우리는 도구나 기술이 전광석화와 같은 속도로 바뀌는 시대에 살고 있다고 해도 과언이 아니다.

기술의 확산 속도뿐 아니라 확산 폭 또한 우리의 예측을 넘어서고 있다. 예컨대 페이스북의 경우 2013년 이용자 수가 전 세계적으로 10억 명이었다. 그런데 2022년 2/4분기에는 이용자 수가 무려 29억 명에 이르렀다(statista, 2022). 9년 사이에 이용자 수가 대략 2.9배 증가한 것이다. 2020년 기준 페이스북 일일 이용자 수도 17억 명이 넘는다. 이것은 중국 전체 인구보다 3억 명이나 더 많은 수치다. 이전에는 볼 수 없었던 속도와 넓이로 디지털 기술이 우리 삶에 침투하고 있음을 알 수 있다.

이처럼 도구나 기술 순환의 사이클이 빨라지고 파급 범위가 넓어지면서 우리는 새로운 도전에 직면하고 있다. 새로운 도구나 기술의 출현에 따른 올바른 규범과 문화에 대한 사회적 합의를 이루어나갈 시간이 없어 도구나 기술의 도입과 활용이 맹목적으로 진행되고 있는 것이다. 그 결과 새로운 도구나 기술의 등장과 도입에 따른 삶의 형태와 사고방식의 변화가 기존 질서와의 갈등을 초래하고 있다. 우리 사회는 이전보다 더 극심한 갈등과 불안 상황이 발생할 수 있는 것이다.

도구나 기술의 진화, 특히 디지털 기기 또는 디지털 기술의 진화에 따른 갈등의 대표적인 사례는 디지털 원주민(digital natives)과 디지털 이주민(digital immigrants)으로 양분되는 세대 간 갈등이다. 디지털 이주민이 아날로그 시대에 성장해 디지털에 적응해 가는 세대라면 디지털 원주민은 태어나면서부터 자연스럽게 디지털 기술을 접함으로써 자유자재로 이를 사용하는 세대를 지칭한다. 대부분 가정의 부모들이 디지털 이주민이라면 자녀들은 디지털 원주민이다. 디지털 원주민은 월드와이드웹의 등장 이후 태어나고 자란 사람들로 1997년 이후 태어난 '포스트-밀레니얼' 세대로도 불린다. 이러한 세대 구분은 프렌스키(Prensky, 2001)와 탭스콧(Tapscott, 1998)이 명명한 것으로, 이들은 디지털 원주민이 이전 세대보다 디지털 기기나 기술을 훨씬 자주 이용할 뿐 아니라 디지털 역량, 이용의 다양성 및 멀티태스킹 면에도 매우 월등하거나 능숙하다고 설명했다.

디지털 원주민과 디지털 이주민 간 디지털 기기·기술 활용과 역량의 차이는 디지털 원주민의 디지털 기기나 기술 활용에 대한 디지털 이주민의 이해 부족, 디지털 기기나 기술에 대한 디지털 이주민의 두려움, 다양한 디지털 기기나 기술 활용의 부정적 영향 등으로 촉발된다. 그리고 디지털 기술에 대한 세대 간 인식 차이는 사회적 불안과 세대 간 갈등을 일으키는 요인이 된다. 실제로 디지털 기술 환경에서 살아가는 지금의 부모 세대는 디지털 기술 없이 청소년기를 보낸 마지막 세대다. 또한, 이들 세대는 자녀가 아이패드를 몇 시간 사용하면 지나친 것인지, 어린 자녀가 인터넷상에서 유해한 정보를 접했을 때 어떻게 해야 하는지, 아이가 자라서 부끄러움을 느낄 만한 사진이나 이야기를 SNS에 올려도 될지 같은, 익숙하지 않은 질문들을 고려해야 하는 첫 세대다. 반면 이들 부모 세대 이후의 자녀 세대들은 모두 태어나면서부터 디지털 기기를 접하면서 자란 디지털 원주민이다. 이들은 디지털 기기를 자신의 일부처럼 인식하며 사용한다. 모든 지식과 경험의 축적도 디지털 기기에 의존하는 경향이 높다. 따라서 부모 세대가 자신의 청소년기와 비교해서 자녀들이 보이는 행동과 태도를 이해하지 못하는 것은 당연한 일이다. 디지털 기기 이용과 관련해서 이들 부모 세대와 자녀 세대 간의 갈등과 불안도 정상적인 상황이라 할 수 있다. 특히 부모 세대의 경우 어느 정도 성장한 이후에 디지털 기기를 접하여 잘 모르기도 하거니와 경험해 보지 못한 부정적 상황에 대한 두려움이 디지털 기기 이용과 관련해서 자녀와의 갈등을 초래하는 발단이 되고 있다. 실제로 디지털 기술 활용의 부정적 영향에 대한 두려움과 관련해서 2018년 퓨리서치센터의 설문조사(Smith and Olmstead, 2018)에 따르면, "인터넷이 어린이들에게 해롭다"라고 응답한 비율이 14%로, "사람들을 소외시킨다"(25%), "가짜뉴스 또는 허위정보"(16%)에 이어 세 번째로 높은 것으로 나타났다.

이처럼 급변하는 디지털 기기 이용 환경에서 부모의 역할은 복합적이다. 첫 번째가 보호자로서의 역할이다. 자녀들의 올바른 디지털 기기 이용을 지도하고 유해한 디지털 기기 환경으로부터 자녀를 보호하는 역할이라 할 수 있다. 전통적인 의미에서의 부모 역할이다. 다음으로 디지털 기기 이용자로서의 역할이다. 부모 자신이 올바른 디지털 기기 이용을 제고하고 디지털 기기 이용에 따른 피해를 차단하여 예방하는 역할이라 할 수 있다. 급변하는 디지털 기기 환경에서 뒤처지지 않고 적응해 나가야 하는, 새롭게 부여된 부모 역할이다. 이러한 부모 역할 중 군이 경중을 따지자면 후자의 역할이 더욱 중요하다. 부모 자신이 디지털 기기 이용에 대한 역량을 지니고 있어야 전자의 역할을 제대로 수행할 수 있기 때문이다. 그만큼 디지털 시대에 부모의 디지털 기기 이용 역량이 중요해지는 이유다.

미국 문학의 아버지로 추앙받는 인물인 마크 트웨인(Mark Twain)은 다음과 같은 말을 했다. "곤경에 빠지는 건 뭔가를 몰라서가 아니다. 뭔가를 확실히 안다는 착각 때문이다." 이 문장은 마이클 루이스(Michael Lewis)의 논픽션 『빅 쇼트(Big Short)』를 바탕으로 애덤 매케이(Adam McKay)가 감독하여 2015년 개봉한 동명의 영화 첫 장면에도 인용되었다. 이 문장은 두 가지를 의미한다. 첫째, 이 문장 그대로 뭔가를 확실히 안다는 착각을 하면 곤경에서 빠져나올 수 없다는 것이다. 둘째, 이 말의 반대로 위기 상황을 제대로 파악하고 잘 대처한다면 그 위기를 헤쳐 나올 수 있다는 것이다.

급변하는 디지털 환경에서 부모 세대가 처한 상황도 이와 다르지 않다. 전통적인 부모 역할에 머물러 다 안다고 착각한다면 자녀 세대와의 갈등은 피할 수 없다. 반대로, 디지털 기기를 올바르게 이해한다면 가정의 위기와 자신의 불안 모두 피할 수 있다. 어떤 방향을 선택할지는 각자의 몫이지만 어떤 길로 가야 할지는 명확하다.

2. 전통적인 미디어의 유해성 논란

모든 기술은 사회 적응의 과정을 거친다. 이 과정에서 새로운 기술은 기존 제도 및 가치관과 충돌하면서 논란을 일으킨다. 우리가 너무나 당연시하는 기술들도 이러한 과정을 거쳐 지금에 이르렀다. 예컨대 1800년대 기차가 처음 등장했을 때만 해도 기차 이용은 '멀미'를 일으킨다는 우려가 있었다. 지금은 KTX의 등장으로 시속 100킬로미터 이상의 속도로 움직인다는 생각에 경계심을 느끼지 않지만, 당시에는 시속 30킬로미터 속도로 이동하는 기차가 생명을 위협한다는 주장도 있었다. 스마트폰으로 인해 마지막 사용한 때가 언제인지도 가물가물한 유선전화가 막 등장한 때에는 전화를 악마의 발명품으로 여겨 벼락을 맞아 악령에게 끌려갈 것이라고 사람들은 두려워했다. 이런 이유로 전화 교환국에서는 교환원으로 일할 사람을 찾는 데 어려움을 겪었다고 한다. 또한, 1907년 ≪뉴욕타임스≫의 한 칼럼니스트는 "전화기가 널리 사용되면서 공손함과 예의가 장려되기보다 오히려 그나마 남아 있던 것마저 빠르게 쇠퇴하고 있다"라고 한탄했다(LaFrance, 2015.9.3에서 재인용). 우리가 지금 너무나 당연시 생각하는 기술들을 과거에는 전혀 다르게 이해했음을 알 수 있다.

1) 문자

우리가 하루 중 가장 많이 이용하고 우리의 눈과 귀를 사로잡는 미디어의 역사도 별반 다르지 않다. 미디어의 과거를 거슬러 올라가 보면 미디어에 대한 인식이 지금과는 전혀 다르다는 것을 확인할 수 있다. 먼저 문자의 경우를 살펴보자. 문자는 대략 5000년 전 발명되었다. 인류 역사상 가장 놀라운 발명품으로, 현재까지 알려진 바에 따르면 문자의 역사는 티그리스강과 유프라테스강(지금의 이라크) 사이에 있는 메소포타미아에서 시작되었다. 최초의 문자는 농축산물의 수확량을 기록한 것으로 사람들은 문자를 신이 준 선물이라고 생각했다(장, 2003).

이러한 문자를 지금은 누구나 읽고 쓰면서 의사소통을 한다. 글이 우리 일상을 구성하는 필수 소통 수단이 된 것이다. 너무나 당연하여 마치 공기처럼 인식할 정도다. 하지만 처음부터 모두가 문자의 등장을 환영했던 것

은 아니다. 대표적인 인물이 그리스의 철학자 소크라테스다. 그는 다음과
같이 말했다.

> "배워야 할 사람들이 건망증에 빠지고 말 것이다. 무언가를 기억할 필요
> 가 없을 테니까 말이다. 사람들은 많은 것을 듣고도 아무것도 배우지 못
> 할 것이며, 모든 것을 아는 듯 보이겠지만 전반적으로는 아무것도 모를
> 것이며, 현실성이 결핍된 지혜만을 보여주는 성가신 동반자가 될 것이
> 다"(러더퍼드, 2019).

그가 주장하는 바는 명확하다. 문자가 사람들의 기억술에 영향을 미쳐
인간의 기억 능력을 쇠퇴시킨다는 것이다. 실제로 그는 위대한 철학자이지
만 어떠한 저술도 남기지 않았다. 글보다는 대화 속에서 진리를 찾고자 했
기 때문이다. 인간에 미치는 문자의 부정적 영향을 진정으로 염려했기 때
문일 수도 있다.
하지만 소크라테스의 우려와는 달리 대중은 빠르게 문자를 받아들이기
시작했고 문자의 이용은 더욱더 널리 퍼져 인류 문명의 발전을 가속화했
다. 문자를 통해 지식의 보존과 전수 그리고 확산이 가능하게 되었기 때문
이다. 문자가 근대라는 새로운 세계를 만들었다고 할 수 있다.

2) 인쇄 매체

문자의 대중화를 통해 가능해진 인쇄 매체의 과거 또한 우리가 현재 알
고 있는 사실과는 전혀 다른 역사를 갖고 있다. 인쇄 매체로 인한 부정적 효
과의 가장 대표적인 것으로 인터넷 중독, 스마트폰 중독과 유사한 독서 중
독 현상이 있었다.

예컨대 서양 최초의 근대소설이며 미겔 데 세르반테스(Miguel de Cervantes)에게 근대소설의 아버지라는 별칭을 붙여준 『돈키호테』는 17세기 초 스페인에서 유행했던 기사문학과 독서열을 주제로 하고 있다. 자신의 방에 처박혀 기사문학을 읽어대는 돈키호테는 다름 아니라 독서중독증에 걸린 개인 독자에 대한 문학적 형상인 것이다(김연신, 2010). 문학 장르로서 허구를 기반으로 할 수도 있는 소설이라는 형식이지만 세르반테스가 없는 사실을 상상한 공상과학 소설가도 아닌데 독서 중독을 묘사한 내용을 썼다는 것이 신기하다. 현대를 살아가는 우리는 모르지만 그 시대에 독서 중독이라는 사회적 현상이 존재했던 것은 아닐까?

실제로 소설 『돈키호테』가 쓰인 지 100여 년이 지난 18세기 중반 독일에서는 독서 벽(Lesesucht)이란 용어가 유행했다. 여기서 '벽'은 '중독'을 의미한다고 한다. 따라서 18세기 중반 독일에서는 독서 중독이라는 엄연한 사회적 현상이 존재했다. 이와 관련해서 피히테(Johann Gottlieb Fichte)는 독서 중독을 흡연에 비유하며 독서 중독의 상태를 마치 상태와 비슷한 "잠과 깨어 있음 사이의 안락한 중간 상태"라고 비판했다(김연신, 2010에서 재인용). 즉, 독서 중독에 빠진 독자는 현실감을 상실하고 현실과 허구 간의 차이를 더 이상 인지하지 못한다는 것이다. 지어낸 이야기 속으로 빠져들며 재미를 느끼기 위해서만 읽어대는 방만한 독서는 현실감각을 약화시키고, 이성을 사용하지 않음으로써 논리적 사고를 할 수 없는 정신적 무능력만을 초래할 뿐이라고 당대 지식인들은 생각했다. 이에 따라 당시 독일에서는 인쇄 매체, 특히 책과 관련해서 반독서 운동이 일어났고 책 읽기가 사회적 문제, 일종의 문화병으로 비판받았다(김연신, 2010). 독서는 유용하고 좋은 것이라는 지금의 인식과는 사뭇 다른 평가다. 지금 우리가 생각하는 책과 독서가 우리의 정신을 함양시키고 사고력을 길러주며 교양 습득에 유용하다는 인식은 당시로서는 허상일 수도 있는 것이다. 오늘날 인터넷과 스마트폰에 빠져 있는 자녀들에게 잔소리하는 것처럼 18세기에는 독서를 하는 자녀들에게 "책 좀 그만 읽어"라고 잔소리하는 부모들이 존재했을 수도 있을 듯싶다. 요즘에는 너무나 책을 읽지 않아 고민한다면 당시엔 책을 너무 많이 읽어서 문제가 되었다고 할 수 있다.

또한, 1600년에는 영국 작가 바나비 리치(Barnaby Rich)가 다음과 같은 말을 했다. "이 시대의 가장 큰 질병 중 하나는 매일 생겨나, 이 세상을 향해 유입되는 수많은 어리석은 일들을 소화할 능력이 없는, 이 세상에 과도한 부담을 지우고 있는 너무 많은 책들이다." 지금의 인터넷에 넘쳐나는 정보의 폐해처럼 1600년에 한 작가는 책이 이러한 부정적 영향을 사회에 미치고 있다고 주장한 것이다. 심지어 헝가리 출신 영화 비평가인 벨러 벌라주(Béla Balázs)는 "인쇄술이 발명되고 문자로 쓰인 책이 대량으로 유포되자, 인간의 얼굴에서 표정이 사라지기 시작했다"라고 했다(벌라주, 2003). 책이 인류에게 부정적인 정서를 심어주었다는 주장이다.

1950년대에는 정신과 의사 프레드릭 웨덤(Fredric Wertham)이 만화책이 범죄, 폭력 그리고 섹스로 가득하다며 만화책에 대한 폐해를 경고했다. 이러한 웨덤의 주장에 힘입어 만화 산업은 1954년에 CCA(Comics Code Authority)라고 불리는 자율 규제 시스템을 도입했다. 하지만 이후 웨덤의 주장은 비과학적이라는 비판이 생겨났고, 만화책 판매는 다시 급증했던 역사도 있다(Stever et al., 2022).

이처럼 인쇄 매체의 역사를 보면 지금 우리가 알고 있는 책의 위상과는 전혀 다름을 알 수 있다. 책과 독서는 유용하고 좋은 것이라는 인식이 과거의 시선으로 본다면 잘못된 것이며 편견일 수 있음을 보여준다.

3) 영상 매체

글을 읽을 수 있는 능력인 문해력이 필요하고 내용에 대한 정신 집중을 요구하는 책과 같은 인쇄 매체와 달리, 영상 매체는 누구나 쉽고 간단하게 이용할 수 있다. 그만큼 인쇄 매체가 일으키는 부정적인 요소에 비해 영상 매체는 부지불식간에 악영향을 초래할 우려가 있다. 실제로 평론가들은 텔레비전의 인기가 치솟기 시작한 직후인 1950년에 텔레비전을 바보상자라고 부르기 시작했다. 심지어 1961년 미국 연방통신위원회(FCC) 위원장 뉴턴 미노(Newton Minow)는 한 연설에서 텔레비전 프로그램을 정신없는 콘텐츠의 '광활한 황무지'라고 평가했다. 아마도 텔레비전에 대해 가장 잘 알려진 비판일 것이다.

텔레비전 시청의 부정적 영향에 대해 논란이 가장 많은 부분은 폭력성이다. 스테이시 스미스(Stacy L. Smith) 등의 연구에 따르면, 폭력적인 방송을 시청했던 어린이들이 비폭력적인 방송을 보았던 어린이들에 비해 신체적 폭력을 훨씬 더 많이 사용하는 것으로 나타났다. 레너드 에론(Leonard Eron)과 로웰 후스만(Rowell Huesmann)이 22년에 걸쳐 진행한 추적 조사에서는 초등학교 3학년 때 폭력적인 TV 프로그램을 많이 본 학생은 19세 때 폭력 행위를 할 가능성이 컸으며, 30세에도 폭력 행위나 범죄 행위를 할 가능성이 더 큰 것으로 나타났다. 뉴욕주립정신의학연구소의 1975년 연구에서도 아이들의 TV 시청 시간이 길수록 범죄율이 높아졌다(하재근, 2012에서 재인용). 이 외에도 후스만과 에론의 연구(Huesmann and Eron, 2013)에서는 8세 아동들을 대상으로 조사한 이후, 이 아동들이 성인이 된 30세에 다시 조사하여 학습 이론을 지지하는 결론을 얻었다. 이들의 연구 결과, 아동기에 폭력물을 많이 시청한 아동일수록 성인이 된 후 범죄에 가담할 확률이 높았다. 텔레비전의 폭력적 내용은 근본적으로 아이들에게 폭력에 대한 둔감화

(desensitization)를 조장한다는 주장도 있다. 텔레비전에서 폭력적인 내용을 많이 접할수록 폭력은 있을 수 있는 일이라고 생각하는 정도가 커진다는 얘기다. 또한 폭력물은 이 세상이 폭력과 무서운 사건으로 가득한 곳이라는 인식을 심어줘 세상과 타인에 대한 공포와 분노를 초래할 수 있다.

이처럼 텔레비전 시청으로 폭력적 행위가 유발되는 현상을 가리켜 기폭효과(priming effects)라고 한다. 기폭 효과란 대중매체가 묘사한 특정한 행동을 시청자가 동일하거나 유사하게 모방할 가능성을 증가시키는 것을 말한다. 실제로 레너드 버코위츠(Lenard Berkowitz)는 대중매체와 모방 범죄의 상관관계를 연구하여 대중매체에 묘사된 행동이 유사한 행위를 활성화시키는 기제가 된다고 주장했다(Berkowitz, 1984).

이 외에도 텔레비전 시청이 사람들의 부정적 정서 형성에 영향을 미친다는 주장도 있다. 미국 메릴랜드대학교의 존 로빈슨(John Robinson) 교수 연구팀이 1975년부터 2006년까지 3만 명의 미국인을 상대로 조사된 '일반 사회 여론조사' 자료를 분석한 결과, 불행한 사람은 행복한 사람에 비해 텔레비전 시청 시간이 30%가량 더 많은 것으로 나타났다. 통계는 텔레비전을 보는 데 가장 많은 시간을 보낸 사람이 가장 불행하다는 사실을 보여준다. 이에 따라 로빈슨 교수는 텔레비전 시청이 시청자의 권태감을 해소하는 수단이고 일시적인 즐거움을 주지만 장시간 시청할 경우 우울하게 만들 수도 있다고 결론 내렸다(하재근, 2012에서 재인용).

한편, 1967년 미국 대학생의 3분의 2는 인생에서 의미 있는 철학을 계발하는 것이 매우 중요하다고 한 반면, 돈이 중요하다고 한 학생은 3분의 1이 채 되지 않았다. 그런데 1997년에 이르러 이 수치가 역전된다. 돈이 중요하다는 학생이 3분의 2, 철학이 중요하다는 학생이 3분의 1이 된 것이다. 이젠 인생의 의미를 담은 철학보다 돈, 물질적 풍요를 더 중시하는 세상이 되었다. 미국의 지식인들은 충격에 휩싸였다. 무엇 때문에 30년 만에 청소년들의 가치관이 이렇게 타락했는지 이유를 찾기 위해 원인을 샅샅이 뒤지기 시작했다. 공부 시간, 교과서 내용 등이 달라졌는지 꼼꼼히 살폈다. 하지만 달라진 것은 거의 없고 이 기간 동안 유일하게 변한 것은 텔레비전 시청 시간이었다. 텔레비전 시청 시간이 늘어나면서 텔레비전에서 보여주는 물질 만능주의, 황금 지상주의, 일확천금, 인생 역전, 화려한 생활을 향한 동경 등이 시청자의 인식을 바꿔놓은 것이다(하재근, 2012에서 재인용). 텔레비전 은 이성과 논리의 매체가 아니라 감성의 매체이고 사람의 무의식에 호소하는 매체임을 보여주는 증거다.

이 밖에도 미국에서는 텔레비전 시청 시간과 비만 발생률이 정비례하는 것으로 나타났다. 어린이의 경우 하루 2시간 그리고 주부는 3시간 반 이상 시청하면 당뇨병 위험도 높아진다는 연구 결과가 있었다. 멕시코에선 9~16세 청소년의 경우 텔레비전 시청 시간이 하루 1시간 늘어날 때마다 비만 확률이 12%씩 증가한다는 연구 결과가 있었다. 일본 소아과학회의 1995년 조사에서도 아이들의 비만도와 텔레비전 시청 시간은 정확히 비례하는 것으로 나타났다. 미국의 윌리엄 디에츠 주니어(William Dietz, Jr)와 스티븐 고트메이커(Steven Gortmaker)가 전미 건강 조사 자료를 분석한 것에서도 텔레비전 시청은 비만과 강력한 연관 관계가 있었다(하재근, 2012에서 재인용). 텔레비전이 음식에 대한 욕구를 부추겨 비만을 초래하기도 하지만 텔레비전에 빠질수록 운동을 멀리하게 되어 비만을 만들기 때문이다.

이상에서 살펴본 바와 같이, 디지털 기기 확산 이전의 문자, 인쇄 매체, 영상 매체가 등장했던 시기에는 이들 매체의 위상이 지금 우리가 알고 있는 것과는 전혀 달랐음을 알 수 있다. 부모들이 자녀들에게 책을 읽도록 강권하고, 텔레비전 EBS 방송이 대학 입시 준비를 위한 중요한 수단이 되는 지금의 상황은 과거에는 전혀 상상할 수 없는 일이다. 심지어 마셜 매클루

언(Marshall McLuhan)의 제자이자 비판자이며 이성주의자인 닐 포스트먼 (Neil Postman)은 이성과 문자 문화야말로 인류 역사가 낳은 최선의 유산이며 우리는 18세기에 절정을 이루었던 이성과 문자 문화의 유산을 21세기에 되살려야 한다고 주장한다(포스트먼, 2009). 어쩌면 지금 부모 세대의 가장 큰 고민거리인 자녀의 스마트폰 이용도 이러한 전철을 밟게 될지도 모를 일이다. 불과 얼마 전까지만 해도 부모들의 관심과 염려가 컴퓨터나 인터넷 이용에 있었음을 생각하면, 새로운 기술의 등장으로 스마트폰의 운명도 어떻게 바뀔지 알 수 없는 일이다.

3. 디지털 기기 이용의 부정적 영향

디지털 기술은 우리가 책을 읽는 방법, 수업을 듣는 방법, 택시를 부르는 방법, 여행을 예약하는 방법, 식료품과 잡화를 구입하는 방법 등 일상의 많은 모습들을 바꾸어놓았다. 이전보다 생활은 편리해졌으며, 윤택해졌고, 여유를 갖게 되었다. 사회생활에 지각 변화가 일어났다. 가사 로봇이나 사무용 로봇과 함께 생활할 날도 머지않았다. 로봇은 우리가 원한다면 가까운 친구처럼 잡담, 조언, 위로를 건넬 것이다. 로봇의 형태는 아니지만 이미 시리, 알렉사 등 인공지능 비서가 등장하여 유사한 일을 하고 있다.

문제는 긍정적 효과만큼이나 이러한 디지털 기술과 서비스로 나타나는 부정적 폐해 또한 만만치 않다는 것이다. 실제로 가정에서 일어나는 부모와 자녀 간 갈등의 대부분은 자녀들의 디지털 기기 이용에 따른 부정적 영향에 대한 부모의 우려에서 비롯한다. 디지털 기기 이용에 따른 정서적·신체적·물질적 피해 등을 걱정하는 것이다. 그중에서도 부모들이 디지털 기기 이용에 대해 가장 많이 걱정하는 것은 디지털 기기의 과도한 이용이다.

최근에는 디지털 온라인 서비스에 의존하는 정도가 높아지면서 사이버 범죄에 대한 우려도 많다. 또한 정보 보안이나 개인 프라이버시 문제도 부모들이 걱정하는 중요한 디지털 기기 역기능이다. 쏟아지는 정보로 인한 폐해를 걱정하는 이들도 있다. 이를 보다 세부적으로 살펴보기로 하자.

1) 디지털 기기의 과도한 이용

디지털 기기와 서비스가 보급되기 시작하면서 이들 기기와 서비스 이용에 과도한 집착을 보이는 인터넷 중독증, 컴퓨터게임 중독증이 사회적인 문제로 부상했다. 문화사적으로 이러한 현상들은 모두 18세기의 독서 중독의 역사적 변형이라 할 수 있다. 이 중독증 모두 새로운 매체가 등장할 때 경험 없고 미숙한 이용자들이 새 매체와 소통하는 과정에서 빠지게 되는 위험을 보여준다.

그중에서도 디지털 기기의 과도한 이용은 하루에 컴퓨터나 인터넷을 너무 오랜 시간 동안 사용하는 것부터 내성이나 금단 증상 같은 확실한 중독 증상까지 범위가 매우 넓다. 단순하게는 과도한 이용으로 인해 직장, 학교, 수면, 운동, 식사 등 여러 일상 활동들에 지장을 초래한다. 중독 증상으로는 강박적으로 인터넷 쇼핑과 게임을 즐기고 쉴 새 없이 페이스북을 확인하는 행동들을 보이며, 디지털 기기 이용을 멈추려 할 때 금단 증상으로 정신적·신체적 고통을 겪는다(영, 2000). 누구보다 자녀 세대들과 교육, 여가를 위해 자주 컴퓨터를 사용하는 사람들이 과도한 이용 증상을 보이기 쉽다. 디지털 기기 이용이 내포하는 부정적 영향의 또 다른 단면이다.

이와 관련하여 우리나라에서 매년 조사해서 발표하는 스마트폰 과의존 실태조사 결과에 따르면, 만 3세 이상 69세 이하 스마트폰 이용자의 24.2%가 스마트폰 과의존 위험군인 것으로 밝혀졌다. 연령별로는 청소년 37.0%,

유아동 28.4%, 성인 23.3%, 60대 17.5%로, 연령이 낮을수록 스마트폰에 의존하는 경향이 높은 것으로 나타났다(과학기술정보통신부·한국지능정보사회진흥원, 2021). 또한, 네덜란드에서 실시된 한 조사에서는 스스로 소셜미디어 중독이라고 생각하는 비율이 여성 인터넷 이용자의 경우 13%, 남성 이용자의 경우 7%로 나타났다. 물론 젊은 사람들일수록 그러한 비율이 높았다(van Beuningen and Kloosterman, 2018). 그러나 나이가 많은 사람들도 점차 SNS, SMS(단문 메시지 서비스), 게임 이용량이 증가하면서 그들 역시 중독 증상을 보이기 시작했다.

디지털 기기의 과도한 이용에 대한 대부분의 연구는 SNS, SMS, 컴퓨터게임 등을 가장 자주 이용하는 청소년이나 젊은 성인들을 대상으로 한다. 과도한 SNS 이용은 여자아이들에게서 더 큰 문제이며, 남자아이들은 게임을 너무 많이 하는 경향이 있다(van Beuningen and Kloosterman, 2018; Anderson, Steen and Strvropoulos, 2017). 과도한 디지털 또는 소셜미디어 이용은 수면 부족, 면대면 커뮤니케이션 부족, 학교나 직장에서의 집중력 부족으로 이어진다.

특히, 디지털 기기의 과도한 이용과 관련하여 가장 우려되는 것은 사람들의 정서에 미치는 부정적 영향이다. 미국 보건복지부(HHS)의 보고서에 따르면, 10세에서 24세 사이의 미국인 자살률은 2007년과 2017년 사이에 56% 증가했다. 같은 기간 동안 가장 큰 증가는 10세에서 14세 사이의 자살률로 거의 세 배 가까이 늘어났다. 이에 대한 원인을 찾기 위해 연구자들이 노력을 기울인 결과, 완벽한 결론은 아니지만 많은 연구자들이 10대들 사이의 자살률과 스마트폰이 만들어낸 스크린 시간이 증가 사이에 상관관계가 있음을 주장했다. 이러한 통계를 분석하기 시작한 2007년은 공교롭게도 아이폰이 출시된 해였기 때문이다(McKee, 2021).

미국과 영국에서 디지털 미디어 이용과 관련하여 10대들을 대상으로 실시한 연구에서도 비슷한 결과들이 나타났다. 행복과 정신 건강은 하루에 30분에서 2시간 정도 디지털 미디어를 이용할 때 가장 높았으며, 이 시간을 초과할 경우 행복과 정신 건강은 꾸준히 감소했고, 온라인에서 가장 많은 시간을 보내는 사람들의 경우 최악인 것으로 밝혀졌다. 이에 따라 미국 샌디에이고주립대학교의 진 트웽이(Jean M. Twenge) 교수는 "너무 많은 스마트폰 이용 시간이 10대들을 해칠 수 있는지에 대한 논쟁을 멈추고, 그들을 보호하기 시작하라"라고 주장하고 있다(McKee, 2021).

2) 사이버 범죄

사이버 범죄는 사이버 공간에서 발생하는 범죄를 의미하며, 대체로 인터넷 범죄, 컴퓨터 범죄, 컴퓨터 관련 범죄(computer-related crime), e-범죄(e-crime), 디지털 기술 범죄(digital technology crime) 등으로도 불린다. 이와 관련하여 UN은 사이버 범죄를 "가용성, 기밀성, 무결성을 훼손하거나 컴퓨터 관련 개인적 또는 재정적 손해를 초래하는 행위"로 정의하고 있다. 경제협력개발기구(OECD)는 사이버 범죄를 "데이터의 자동처리와 전송을 수반하는 불법적, 비윤리적, 권한 없는 행위"라고 하여, 컴퓨터를 이용하여 저지르는 불법 행위로 말하고 있다.

기회 이론에 따르면, 온라인 공간에 더 많이 머물수록 사이버 범죄에 노출될 가능성이 높아지는 것으로 알려져 있다. 특히, 온라인 공간의 비대면적이고 익명적인 특성은 상대방의 범의(mens rosa)에 대한 확인을 어렵게 하여 누구나 쉽게 사이버 범죄의 피해자가 될 수 있다. 따라서 인터넷 이용자는 누구나 불법적인 (해킹) 침입으로부터 고통을 받고 컴퓨터 신용(이용자 이름이나 패스워드) 도용의 희생자가 될 가능성이 있다. 일반적으로 교육과 소득 수준이 낮은 사람들이 사이버 범죄에 대처하기 위한 전문 금융 지

식이나 디지털 기량이 부족한 것으로 알려져 있다. 하지만 실제로는 소득
수준이 높고 재산이 많은 사람일수록 금융 사기나 절도 피해를 입을 가능
성이 크다고 한다. 우리나라 인터넷 이용자의 대다수가 인터넷 뱅킹을 이
용하고 있는 상황이라 더 우려되는 현실이다.

소셜미디어와 SMS 서비스를 이용하는 어린 이용자들은 사이버 폭력이
나 원하지 않는 성적인 메시지, 성희롱 및 증오 발언 같은 수많은 부정적인
현상들을 경험할 가능성이 매우 높다. 2017년 미국에서 조사한 바에 따르
면, 응답자의 41%가 모욕적인 욕설, 물리적 위협, 인종차별 발언, 스토킹 및
성희롱 등 인터넷 괴롭힘을 경험한 것으로 나타났다. 특히 18~29세의 젊은
사람들이 나이 든 사람들보다 더 시달리고 있는 것으로 나타났다(Duggan,
2017). 성희롱을 제외한 모든 괴롭힘은 남성이 여성보다 더 많이 경험하고
있었다(Pew Research Center, 2018).

문제는 온라인 공간에서의 욕설이나 위협, 혐오 발언 등은 누구나 쉽게
할 수 있어 피해자가 가해자가 되는 악순환적인 성격을 갖고 있다는 점이
다. 디지털 기기에서는 전통적인 미디어의 콘텐츠 제작을 위해 요구되는
전문적인 기술이 필요치 않아 누구나 쉽게 콘텐츠를 생산할 수 있다. 또한
디지털 기기에서는 이용자 간 신체적·물리적 힘의 불균형을 확인할 수 없
어 손쉽게 가해와 피해 상황이 바뀔 수 있다. 이러한 특성으로 인해 가해자
가 피해자가 될 수 있어 현실 공간에서의 범죄와는 다른 사이버 범죄의 특
성을 보여준다.

최근에는 디지털 기기 이용의 부정적 결과 중 인터넷의 허위정보에 특히
많은 관심이 집중되고 있다. 적극적으로 정보를 탐색하는 사람일수록 이
문제를 자주 경험하게 된다. 퓨리서치센터(Pew Research Center)에서 실시
한 설문조사에 따르면, 미국 인터넷 이용자의 3분의 1 이상이 적극적으로
정보를 탐색하는 것으로 나타났다. 이들 중 일부는 인터넷 이용에 대해 자

신감을 갖고 있고, 다른 일부는 인터넷 이용에 더 능숙해지기 위해 노력하고 있다. 이는 온라인의 특정 정보원에 대해 큰 신뢰를 갖고 있다는 의미로 볼 수 있다(Olmstead and Smith, 2017). 여기에 해당하는 사람들은 상대적으로 젊다. 자신감 넘치는 이용자들은 교육 수준이 높은 반면, 열심히 배우려고 애쓰는 사람들은 교육 수준이 낮으며 남자보다는 여자가 상대적으로 더 많다. 인구의 약 50%에 가까운, 비교적 나이가 많은 이용자들은 온라인 정보검색을 꺼린다. 이들은 정보나 뉴스원을 크게 신뢰하지 않으며 상대적으로 정보 역량이 낮다. 따라서 이들이 허위정보를 접하게 된다면 무엇이 허위정보인지를 제대로 인식하지 못할뿐더러 적절한 대처를 하기 어려울 것이다. 또한 아직 가치관이 미성숙한 단계이며 사회적 경험이 부족한 청소년들의 경우, 타인을 쉽게 신뢰하거나 타인에게 의존하기 쉬워 허위정보로 인한 피해를 경험할 우려가 높다.

허위정보에 대한 대처는 이용자가 인터넷 정보에 대한 신뢰와 함께 정보, 커뮤니케이션 그리고 전략적 역량을 가지고 있느냐에 달려 있다. 이 역량이 있어야만 특정 웹사이트의 신뢰도를 판단할 수 있다. 온라인 허위정보를 직시하는 사람들은 대부분 교육 수준이 높으며 이러한 역량도 더 높다.

3) 정보 보안과 프라이버시 상실

정보 보안은 정보의 수집, 가공, 저장, 검색, 송신, 수신 도중에 정보의 훼손, 변조, 유출 등을 방지하기 위한 관리적·기술적 방법을 의미한다. 또한 프라이버시(privacy)는 개인이나 집단에 관한 정보를 다른 사람에게 선택적으로 공개할 수 있는 권리를 말한다. 이러한 정보 보안과 프라이버시 이슈는 정보통신 서비스 이용의 대가로 이용자가 이들을 자발적으로 제공하도록 하는 디지털 이용 환경에서 더욱더 취약하다. 특히, 인터넷을 많이 이용할수록 해킹, 데이터 도난, 바이러스 감염, 악성 소프트웨어로 인한 보안 문제에 더 많이 노출될 우려가 있다. 다양한 개인 데이터의 남용으로 프라이버시에도 같은 문제가 나타날 것이다. 그런데 이와 같은 문제를 방지하고 바로잡기 위해 필요한 지식과 역량이 불평등하게 분포되어 있다. 퓨리서치 센터가 발표한 설문조사에 따르면, 응답자들은 정보 보안에 관한 아주 초보적인 몇 가지 질문에 대해 절반도 맞추지 못했다. 반면 교육 수준이 높은 사람일수록 이런 문제에 대한 지식이 매우 높으며 젊은 이용자들도 다소 많은 지식을 가지고 있는 것으로 나타났다(Olmstead and Smith, 2017).

정보 보안과 프라이버시 상실을 막고 바로잡기 위한 실천은 교육 수준과 연령에 따라 다양하게 나타난다. 교육 수준이 높은 사람들은 교육 수준이 낮은 사람들에 비해 바이러스 예방 프로그램, 방화벽(컴퓨터 보안 시스템), 자동 업데이트, 스팸 필터 프로그램, 팝업 차단과 안티 스파이웨어 등을 더 많이 설치하는 것으로 밝혀졌다. 또한, 그들은 비밀번호를 자주 변경하고 수신한 이메일의 주소를 신중하게 살펴보는 경향이 있었다(van Deursen and van Dijk, 2012; Büchi, Just and Latzer, 2016).

반면, 연령에 따른 정보 보안 및 프라이버시 상실의 문제는 결과가 일관되지 않는다. 2011~2012년에 걸쳐 네덜란드에서 실시한 설문조사에서는 16~35세에 속하는 젊은 사람들이 다른 나이 많은 이용자들에 비해 프라이버시 보호 프로그램을 적게 설치한 것으로 나타났다(van Deursen and van Dijk, 2012). 40세 이하 이용자들에서는 페이스북에 자기 프라이버시를 제대로 설정하지 않는 경향이 강했다(van den Broeck, Poels and Walrave, 2015). 반면, 스위스에서 실시한 조사에서는 나이 많은 인터넷 이용자들이 '인터넷 역량' 부족으로 프라이버시 보호 수준이 낮게 나타났다(Büchi, Just and Latzer, 2016).

이를 종합하면, 인터넷을 자주 그리고 다양하게 이용하는 사람일수록 그렇지 않은 사람에 비해 이러한 위험을 훨씬 많이 접한다는 것은 분명하다. 특히, 아직 발달단계에 있으며 가치관이 미성숙한 자녀 세대들의 경우 디지털 기기에 대한 과도한 의존과 많은 이용 시간을 보이고 있어 정보 보안이나 프라이버시 문제에 노출될 우려가 더 높다.

4) 정보 과부하

윌리엄 셰익스피어(William Shakespeare)가 『햄릿(Hamlet)』을 쓴 해로 추정되는 1600년에 영어로 출판된 책은 채 100권이 되지 않았다. 당시 몇백 권 출판된 라틴어 책마저도 상당수는 이미 출판된 문헌을 다시 찍은 것이었다. 지금은 1600년에 전 세계에 존재한 책보다 많은 수의 책이 매일 출판되고 있다. 매년 약 220만 종의 신간이 출간되어 하루에 약 6000권꼴로 새로운 책이 등장한다. 1600년에 영국에서 영어로 출판된 책의 약 열 배가 24시간마다 출간되고 있는 것이다. 학술 논문, 잡지, 신문, 일기, 블로그, 페이스북과 트위터 같은 새로운 형태의 마이크로 출판도 쇄도하고 있다.

웹사이트만 해도 1991년에는 하나였다. 그것은 스위스 유럽입자물리연구소(CERN)에 있는 팀 버너스리(Tim Berners-Lee)의 넥스트(NeXT) 컴퓨터에 들어 있었다. 7년이 지난 1998년에는 웹에 약 240만 개의 웹사이트와 약 1000만 개의 페이지가 있었다. 하지만 2014년에는 전 세계에, 10억 개의 웹사이트에 50억 개에 가까운 웹 페이지가 존재했고 마지막으로 세었을 때는 47억 7000만 개의 웹페이지가 존재하는 것으로 확인되었다(섀드볼트·햄프슨, 2019). 최근에는 1분이라는 짧은 시간 동안, 유튜브에는 300시간 분량의 동영상이 업로드되고 구글에서는 350만 건의 검색 요청과 1억 5000만 통의 이메일이 전송된다고 한다. 페이스북은 75만 건의 콘텐츠가 공유되고 트위터에서는 45만 건의 트윗이 발생하고 있다. 우리는 현재 1400년대의 사람이 일생 동안 소비할 만큼의 많은 정보를 매일 소비하고 있다고 해도 과언이 아니다(Kwik, 2020).

이러한 막대한 정보를 무기로 현재의 인류는 그 어떤 세대의 인류보다 지적으로 뛰어난 존재가 되었다. 동시에 우리는 뇌가 처리할 수 있는 한계나 범위를 넘어서는 정보의 홍수에 직면하게 되었다. 이미 1500년대 중반 스위스 연구자 콘라트 게스너(Conrad Gesner)는 이러한 상황을 예견이나 한 듯이 "현대 기술은 생각을 어렵게 만드는 정보의 홍수 속으로 우리를 밀어 넣을 것이다"라는 주장을 했다. 또한, ≪뉴사이언티스트(NewScientist)≫ 지에선 "정보 과부하가 마약보다 지능지수에 악영향을 끼친다"라는 연구 결과를 실은 적도 있다(*New Scientist*, 2005.4.27).

여기서 정보 과부하(information overload)란 정보 이용자가 처리할 수 있는 정보의 양보다 더 많은 양의 정보가 입력되어 처리가 곤란한 상황을 의미한다(Eppler and Mengis, 2004). 데이비스(Davis, 2011)에 따르면, 정보 과부하는 특정 영역 내에서 발생하며, 처리가 곤란해지는 상황을 넘어 사람들의 집중력을 흐리고 작업 효율을 떨어뜨린다. 이와 같은 정보 과부하는 두 가지 유형으로 구분할 수 있는데, 하나는 객관적 정보 과부하고 다른 하나는 주관적 정보 과부하다(Eppler and Mengis, 2004; Malhotra, Jain and Lagakos, 1982). 객관적 정보 과부하란 정보 과부하를 불러일으킬 수 있는 정보 자체의 성격이나 성질을 의미하며, 정보의 양, 정보처리 시간, 정보의 복잡성 수준 및 강도 등이 그 예라 할 수 있다. 이와 같은 객관적 정보 과부하는 여러 실험 연구를 통해 밝혀졌다(양윤·김혜미, 2018; Merz and Chen, 2006). 그와는 반대로 주관적 정보 과부하의 경우 개인이 지각하는 주관적인 정보 과부하를 뜻하며, 정보가 주어졌을 때 개인이 느끼는 혼란, 인지적 스트레스 및 역기능적 반응이 그 예라 할 수 있다.

이러한 정보 과부하로 인해 많은 사람들이 인터넷 정보와 메시지가 너무

방대하고 복잡해서 어쩔 줄 몰라 하고 있다. 2016년 조사에서는 미국 인터넷 이용자의 20%가 정보 과부하를 경험한 것으로 나타났다. 여성, 50세 이상, 소득 수준이 낮고 교육 수준이 고등학교 이하인 사람들일수록 정보 과부하를 훨씬 더 많이 느끼고 있었다. 이들은 정보 과부하 문제에 대처하는 데도 많은 문제를 겪고 있다(Horrigan, 2016). 아쉽게도 증명할 수 있는 자료는 없지만, 정보 및 커뮤니케이션 역량과 그리고 전략적 역량이 우수한 이용자들이 이러한 문제를 더 잘 해결할 수 있을 것으로 보인다.

4. 디지털 기기의 유해성으로부터 자녀를 보호하기 위한 부모 전략

디지털 공간은 아이들에게 또래와의 연결과, 놀고, 배우고, 즐기고, 창의적이고, 정보를 찾을 수 있는 귀중한 기회를 제공한다. 하지만 디지털 기기를 이용하는 것은 디지털 기기 과의존, 사이버 폭력, 유해 콘텐츠 접촉, 프라이버시 상실 등과 같은 위험에 노출될 가능성을 높인다. 자녀들이 점점 더 디지털화되는 세상을 살아가는 데 필요한 기술의 적응과 역량을 습득할 수 있도록 하면서 디지털 위험에서 벗어나 피해 없이 디지털 기기를 안전하게 이용하도록 지원하는 것은 우리 세대가 이루어야 할 가장 큰 과제 중 하나다.

문제는 전통적인 미디어 이용 환경에서 가능했던 시간, 내용, 장소의 통제가 디지털 기기 이용 환경에서는 거의 불가능하다는 점이다. 자녀들은 자신이 원하는 시간에 자신이 원하는 장소에서 자신이 원하는 내용을, 부모의 감시에서 벗어나 자유롭게 이용할 수 있기 때문이다. 디지털 기기에 대해 개인 소유, 개인 이용이 가능하게 되면서 일어난 일이다. 그 어느 때보다 부모 통제 역량의 중요성이 강조되는 이유다.

부모 통제는 다양한 학문에서 청소년기 자녀 성장에 영향을 미치는 강력한 요인 중 하나로 평가된다. 부모 통제가 심할 경우 자칫 청소년기 자율성 발달에 부정적인 영향을 미칠 수도 있으나, 본질적으로는 부모가 자녀의 삶에 관심을 가짐으로써 비행으로 나아가지 않게 하는 억제 요인으로 인식된다. 즉, 부모 통제는 가장 보편적인 부모 행동 중 하나의 형태로, 자녀 양육의 주요한 자원이라 할 수 있다(김승현 외, 2022).

이러한 부모 통제의 일환으로 자녀의 온라인 활동을 통제하고 지원하기 위해 부모들은 자녀들에 대한 다양한 유형의 개입 활동을 한다. 크게 민주적 통제, 강제적 통제, 기술적 통제 등으로 구분할 수 있다. 세부적으로 살펴보면, 첫째, 민주적 통제는 부모가 자녀에게 온라인에 접속하는 데 도움이 되는 지도와 조언을 제공하는 방식을 말한다. 이 방식은 주로 저연령의 자녀들에게 적용되며 자녀들의 연령이 높아지면서 점점 줄어든다. 온라인에서 성가시거나 화가 나는 일이 생기면 무엇을 해야 할지 말해주거나, 인터넷을 안전하게 사용하기 위한 방법을 제안하거나, 어떤 웹사이트가 적절 또는 부적절한지 설명해 주거나, 인터넷을 통해 무언가를 탐색하고 배우도록 격려하거나, 자녀들과 함께 온라인 활동을 하는 등의 방법이 있다.

두 번째 방법은 강제적 통제 방식이다. 부모가 자녀의 인터넷 접속을 통제하고 규칙을 설정하는 방식을 말한다. 부모들이 자녀가 언제 그리고 얼마나 오래 온라인에 접속할 수 있는지, 자녀가 온라인에서 무엇을 할 수 있는지에 대한 규칙을 설정하는 등의 방식이다. 특히 부모들은 자녀가 온라인에 접속하는 시간대 및 시간량보다 오히려 특정 온라인 활동에 대한 규칙을 설정하는 것이 일반적인 것으로 확인되었다. 특정 온라인 활동에 대한 허락이나 감독을 요구하는 부모의 자녀들은 유해 콘텐츠에 노출될 가능성이 낮아, 이 방식은 일정 정도 예방 효과를 제공하는 것으로 보인다(부모가 인터넷 사용을 제한하지 않는 아동의 64% 대비 54%). 하지만 강제적 통제를 사용하는 부모의 자녀들은 유용하고 안전한 온라인 활동에 참여할 가능성 역시 하락할 수 있다는 우려가 있다. 부모가 온라인 활동에 제한을 두는 아이들은 학교 공부, 학습, 정보 탐색 그리고 다른 사람과의 교류를 위해 인터넷을 사용할 가능성이 훨씬 낮은 것으로 나타난 것이다. 이는 부모로부터 강제적인 통제를 받은 아이들이 정보 및 창의적 활동을 포함한 다양한 온라인 활동에 참여할 가능성이 훨씬 낮다는 국제적 연구 결과(Global Kids Online, 2019)와도 대체로 일치한다. 따라서 이러한 부모의 제약이 자녀의 나이에 따라 다른지 여부, 그리고 이것이 자녀가 참여하는 온라인 활동의 유형에 어떤 영향을 미치는지에 대해서는 추가적인 분석이 필요하다.

마지막은 기술적 통제 방식이다. 부모가 소프트웨어 또는 기타 디지털 기술을 사용하여 자녀의 인터넷 이용을 통제·제약·모니터링·점검하는 방식을 말한다. 일종의 기술적 수단을 활용하여 특정 웹사이트를 차단하고 필터링하거나 다운로드할 수 있는 앱을 필터링하기 위해 보호자 통제를 사용하는 식이다. 이러한 기술적 조치는 부모가 자녀의 인터넷 이용을 감시하기 위해서도 사용된다. 자녀가 콘텐츠를 구입하려 할 때 경고하거나 자녀가 방문하는 웹사이트를 추적하기 위해 보호자 통제를 사용한다.

이 밖에도 부모들은 다양한 방법으로 자녀들의 온라인 활동을 확인한다. 가장 일반적인 방법은 자녀들이 다운로드받은 앱을 확인하는 것이다. 이 외에도 자녀의 인앱(in-app) 구매, 추가된 친구 및 그룹, 자녀의 이메일 또는 다른 계정 내의 메시지, 자녀의 검색 기록, 자녀의 소셜미디어 프로필 등을 확인하는 것으로 알려져 있다.

문제는 이러한 해결 방안이 새롭게 진화하는 디지털 기기 이용 환경에는 적절하지 않을 수 있다는 것이다. 예를 들어, 자녀들은 부모 세대에 비해 월등한 자신들의 디지털 역량을 부모의 다양한 기술적 통제를 회피하는 수단으로 활용할 수 있다. 너무 추상적이라는 한계도 있다. 이에 따라 현실적으로 자녀들의 디지털 이용과 관련하여 활용할 수 있는, 일반적이면서 효과적이고 효율적인 부모 전략을 찾아보는 것이 필요하다. 이를 키워드로 살펴보면 다음과 같다. 첫째, '규칙'이다. 프랑스와 영국은 인구도 비슷하고 자동차의 총주행거리도 비슷한데, 프랑스의 교통사고 사망률이 영국의 두 배에 달한다고 한다. 안전벨트와 음주 운전에 관한 규칙이 영국에서는 잘 지켜지는 편이지만 프랑스에서는 그렇지 않기 때문이다. 이유는 오토루트 (autoroute)라 부르는 프랑스 도로의 안전 기준이 영국의 도로보다 낮게 설정되어 있어서다. 이처럼 규칙의 존재가 사람들의 안전과 생명을 좌우한다. 따라서 가정 내에서도 서로가 지켜야 할 디지털 기기 이용 규칙을 두는 것이 필요하다. 하루 중 스마트폰 이용 가능 시간대를 정한다거나 최소한 식사 시간만큼은 서로가 스마트폰을 갖고 오지 않도록 약속하는 것이다.

둘째, '대화'다. 부모가 자녀들의 디지털 생활을 이해하고 관심도 많음을 대화를 통해 인식시켜 주는 것이 필요하다. 사이버 공간에서 문제가 발생했을 때, 디지털 생활에 대해 평소 많은 대화를 나눴던 부모에게 자녀들은 고민을 털어놓을 가능성이 높기 때문이다. 대화 방법도 중요하다. "나는 이렇게 생각하는데 너의 생각은 어떠니?"라고 묻는 순간, 아이들은 입을 닫는다. 자신들과 다른 생각을 하는 부모와 논쟁하고 싶지 않아서다. 따라서 요즘 세대의 이야기에 귀를 여는 대화법을 사용해야 한다. "요즘 네 친구들이 가장 관심 있어 하는 건 뭐니?", "요즘 이런 사건을 네 친구들은 어떻게 생각하니?"라고 물어야 한다.

셋째, '활용'이다. 기술의 순환 주기와 대중화 속도가 빨라지면서 디지털 이주민인 부모 세대가 지녔던 경험과 역량은 무용지물이 되고 있다. 경험과 지식이 권위를 갖던 시대는 끝났다. 이제는 디지털 기술 활용 역량이 새로운 권능을 갖게 되었다. 부모가 디지털 기술을 잘 쓸 수 있어야 자녀들 앞에서 '말발'이 선다. 또 부모가 디지털 기술을 활용할 줄 알아야 아이들을 올바른 길로 인도할 수 있다.

넷째, '목적'이다. 요즘은 정보검색, 독서, 음악 감상, 사진 찍기 같은 활동이 스마트폰 하나로 가능하다. 그런데 스마트폰으로 이 모든 활동을 하다 보면 스마트폰을 왜 열었는지 잊은 채 이용 시간이 늘어날 수 있다. 인터넷 검색 중간에 처음 무엇을 위해 검색창을 열었는지 잊어버린 경험이 누구나 한 번은 있을 것이다. 이러한 당혹감을 줄이려면 활동 유형에 따라 디지털 기기 이용을 구분하는 것이 필요하다. 독서는 스마트 패드, 사진 찍기는 디지털카메라, 검색은 노트북, 전화는 스마트폰 등등. 이처럼 목적에 맞게 특정 디지털 기기를 지정하여 이용하면 무분별한 이용으로 이어질 위험을 줄일 수 있다.

5. 부모 세대가 먼저 알아두어야 할 다음 세대에 필요한 미래 역량

다음 세대의 디지털 기술 이용과 관련하여 부모 세대가 고민하는 가장 큰 딜레마는 "디지털 기술 이용을 막아야 할까?" 아니면 "디지털 기술 이용을 권장해야 할까?"이다. 억제해야 한다는 입장은 다양한 디지털 기술의 역기능으로부터 다음 세대를 보호하기 위해서다. 또한, 부모들이 이상적으로 생각하는 활동, 예를 들어 공부나 독서, 운동 등에 들여야 하는 시간을 디지털 기술 이용에 허비하고 있다는 생각도 한몫한다. 어떤 상황이 되었든 전 세계 모든 부모들은 자기 자녀들이 디지털 기기를 쳐다보며 보내는 시간을 제한해야 한다는 데 동의하는 것 같다. 심지어 마이크로소프트 창립자 빌 게이츠(Bill Gates)는 14세 전까지 자기 자녀들의 휴대전화 사용을 금지했으며, 14세가 되어서도 스크린 타임을 엄격히 제한했다고 말한 바 있다. 스티브 잡스(Steve Jobs)도 가정에서 자녀의 디지털 기기 사용 시간을 제한한 것으로 악명이 높았다.

반면 권장해야 한다는 입장의 근거는 모든 것이 디지털로 전환되는 시점에서 자칫 자신의 자녀가 뒤처지지 않을까 하는 두려움에 있다. 미래 사회는 디지털 역량이 매우 중요할 터인데 지금 디지털 기술 이용을 막는다면 어려서부터 이러한 역량을 키울 기회를 뺏는 것은 아닐까 하는 걱정이다. 이와 관련해서 일부에서는 어린이들이 실제로 살아갈 세계에 대비해 뇌를 준비시킬 필요가 있다고 주장한다. 그러기 위해서는 디스플레이 화면을 다룰 수 있는 뇌가 필요하다고 말한다. 특히 이 같은 주장을 하는 이들은 우리 뇌가 개체 전체에 이익이 되는 방향으로 변하는 성질인 뇌 가소성(Neuro-plasticity)이 있기 때문에 괜찮다고 설명한다. 물론 어린이들은 삶에서 디지털 기기를 이용하는 방식으로 행동할 일이 점점 많아질 것이고, 이에 따라 디지털 기기 활용 방법을 배울 필요가 있다고 여겨진다. 하루 수 시간을 온라인 게임을 하며 보내는 아이는 그렇지 않은 아이와는 매우 다른 인생을 살 것이다. 그렇다고 자녀들이 디지털 기기를 마냥 들여다보는 현실에 부모들은 마음이 영 편치 않다.

이럴 때 미래를 내다볼 수 있는 혜안이 있었으면 좋겠다. 미래 모습을 미리 볼 수 있다면 다음 세대에 필요한 역량들을 사전에 준비시킬 수 있기 때문이다. 하지만 미래는 예측할 수 없고, 다만 대응할 뿐이다. 이 말의 핵심은 어떤 돌발 변수, 특히 큰 변화가 발생했을 때, 그것을 미리 예측하는 것은 불가능하고, 다만 과거의 경험과 그에 따른 교훈을 바탕으로 대응하는 것이 최선이라는 것이다. 다시 말해, '위기 대응 매뉴얼과 알고리즘'을 최대한 구체화하고 정교화해서 어떻게 위기에 대응하고 극복해 가는지가 중요하다. 이러한 관점에서 앞으로 다음 세대들에게 필요한 미래 역량이 무엇인지를 과거의 경험을 바탕으로 미리 살펴보고 준비하는 것은 매우 의미 있는 일이다.

이와 관련해서 판 라르 등(van Laar et al., 2017)은 기존 연구 결과들에 대한 메타 분석을 통해 21세기를 살아가는 데 필수적인 디지털 역량 요소를 제시했다. 그들에 따르면, 21세기 디지털 역량은 크게 핵심 기술(core skill)과 상황 기술(contextual skill)로 구분할 수 있다. 이 중 핵심 기술은 기술적 역량, 정보관리, 의사소통, 협업, 창의성, 비판적 사고, 문제 해결 등 총 일곱 가지 역량으로 되어 있으며, 상황 기술은 윤리 의식, 문화적 인식, 유연성, 자기 주도, 평생 학습 등 모두 다섯 가지 역량으로 나뉘어 있다.

이를 좀 더 세부적으로 살펴보면, 다양한 영역에서 필요한 핵심 기술 중 먼저 기술(technical) 역량은 (모바일)기기와 애플리케이션 등을 사용하여 실제 작업을 수행하는 역량을 의미한다. (모바일)기기 또는 애플리케이션의 특성에 대한 이해를 바탕으로 온라인 환경에서 방향성을 잃지 않고 이들 기기 또는 응용 서비스를 이용할 수 있는 역량을 말한다. (모바일)기기 또는 애플리케이션을 이용할 수 있는 기본적인 역량이라 할 수 있다.

다음은 정보관리(information management) 역량으로, 디지털 기기를 활용하여 효율적으로 정보를 검색, 선택, 구성할 수 있으며, 정보에 입각하여 의사 결정을 내릴 수 있는 역량이다. 디지털 기기를 활용하여 다양한 정보 출처로부터 용이하게 정보를 찾는 방안을 마련하여 검색하고, 검색 결과 중 정보의 유용성과 충분성에 근거하여 합목적적인 정보를 판단하며, 추후에도 검색 결과를 재확인할 수 있도록 정보를 구성하는 역량을 말한다.

세 번째는 의사소통(communication) 역량이다. 디지털 기기를 활용하여 다른 사람에게 의미가 효과적으로 표현될 수 있도록 정보를 전달하는 역량을 말한다. 이메일, SNS, SMS(단문 메시지 서비스) 등 여러 디지털 서비스 중에서 커뮤니케이션 상황에 맞는 서비스를 선택하여 적절하고 효과적으로 활용할 수 있는 역량이다.

네 번째는 협업(collaboration) 역량으로 공동의 목표를 달성하기 위해 디지털 기기를 활용하여 사회관계망을 구성하고, 정보를 교환하고, 협상과 상호 존중을 통해 의사 결정을 하는 것을 말한다. 협업을 위해서는 콘텐츠 관리 시스템, 위키, 그룹 간 문서 협업 그리고 채팅 플랫폼이 필요하다. 협업 역량의 중요성은 여러 사회적 현상을 통해서도 확인할 수 있다. 예를 들어, 세계적 권위를 자랑하는 노벨 물리학상의 경우 1993년 이후 수상자 전부가 공동 수상자인 것으로 나타났다. 같은 기간 노벨 화학상에서 단독 수상의 경우는 5회에 불과했다. 과학적 현상을 규명하는 작업이 개인의 압도적인 성과나 기여보다는 여러 사람들의 공동 노력에 의한 결실임을 보여준다. 이처럼 미래 사회에는 타인과의 협력이 무엇보다 중요하다.

다섯 번째는 창의성(creativity)으로, 디지털 기기를 활용하여 새롭거나 이전에는 알려지지 않은 아이디어를 생성하거나 익숙한 아이디어를 새로운 방식으로 처리함으로써 특정 영역 내에서 새로운 것으로 인식되는 제품, 서비스 또는 프로세스를 만들어낼 줄 아는 역량이다. 간단하게 디지털 기기를 활용하여 새로운 아이디어를 창출하거나 새로운 작업 방식을 개발할 줄 아는 역량을 말한다.

여섯 번째는 비판적 사고(critical thinking) 역량이다. 디지털 기기를 활용하여 추론과 주장을 뒷받침할 수 있는 증거를 충분히 확보하고, 증거에 기반한 정보에 입각하여 판단하고 선택하는 역량을 말한다. 정보에 가장 정통한 이용자는 이용자 자신의 관점에 동의하지 않는 경향이 있는 출처를 포함하여 여러 출처에서 정보를 선택하여 새로운 지식을 다각도로 측정하는 이들이라는 것을 명심해야 한다. 정보가 넘쳐나는 시대에 정확한 판단과 올바른 결정을 내리기 위해서는 꼭 필요한 역량이다. 진짜 정보와 허위 정보를 구분하는 데에도 비판적 사고는 필수적인 역량이다. 그리고 창의성과 비판적 사고는 익숙한 것을 거부하는 자세, 남들이 하는 것을 따라 하지 않는 자세에서 나온다는 사실도 명심해야 한다.

마지막은 문제 해결(problem solving) 역량으로, 문제에 대한 해결책을 찾기 위해 디지털 기기를 활용하여 문제 상황을 인지적으로 처리하고 이해하는 역량이다. 디지털 기기를 활용하여 문제에 대한 암시적 또는 명시적 지식을 획득하고 획득한 지식을 적용하여 해결책을 찾는 역량을 말한다. 검색 도구부터 개발 프로그램 등 다양한 온라인 도구를 효과적으로 사용하여 문제 해결 역량을 높일 수 있다. 전문가의 의미도 바뀔 것이다. 추정한 결과를 내놓는 실제 작업을 하는 사람이 아니라 기계가 내놓은 자료를 이해하는 훈련을 받은 사람, 혹은 데이터를 기계가 읽을 수 있도록 전환하는 훈련을 받은 사람으로 말이다.

다음은 핵심 기술을 활용하기 위해 요구되고 이러한 핵심 기술과 연결되어야 하는 상황 기술이 있다. 핵심 기술을 활용하기 위해 필요한 상황 기술 중에서 첫 번째는 윤리 의식(ethical awareness)이다. 이 역량은 디지털 기기를 사용할 때 법적 및 윤리적 측면을 우선 고려하여 사회적으로 책임 있는 방식으로 행동하는 역량을 의미한다. 디지털 기기를 활용할 때 인터넷에 존재하는 잠재적 위험에 대한 이해를 통해 법적·윤리적·문화적 한계 내에서 개인 및 사회적으로 책임 있게 디지털 기기를 활용하는 역량을 말한다. 또한, 디지털 기기를 활용할 때 사회적·경제적·문화적 맥락에서 디지털 기기의 영향을 이해, 분석 및 평가할 수 있는 역량을 의미한다.

두 번째는 문화적 인식(cultural awareness)으로, 디지털 기기를 활용할 때 문화적인 이해를 갖추고 다른 문화를 존중할 줄 아는 역량이다. 특히, 디지털 기기를 사용할 때 다양한 문화적 배경을 가진 사람들과의 온라인 커뮤니케이션 및 협업에 대한 적극적인 태도를 의미한다.

세 번째는 유연성(flexibility)으로, 변화하는 디지털 기기 환경에 자신의 생각, 태도 또는 행동을 적응시킬 줄 아는 역량을 의미한다. 불확실한 미래 상황에 적응할 줄 아는 역량으로, 자신의 생각, 태도 또는 행동이 현재 또는

그림 7-2 21세기 미래 역량 체계

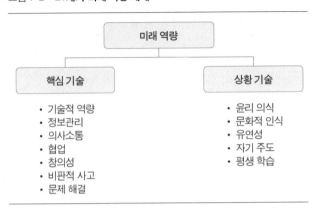

미래 디지털 기기 환경에 잘 적응하도록 수정하는 태도를 말한다.

네 번째는 자기 주도(self-direction)로, 디지털 기기를 활용할 때 자신의 진행 상황을 평가하기 위해 스스로 목표를 설정하고 그 목표에 도달하기 위해 진행을 관리하는 역량을 말한다. 디지털 기기 활용 시 학습 또는 시간 목표를 설정하며 스스로 학습을 통제하려는 의지를 갖고, 능동적인 의사 결정과 조치를 취할 수 있어야 한다. 또한 설정한 목표를 달성했는지를 반드시 평가해야 한다.

마지막은 평생 학습(lifelong learning)으로, 자신의 역량을 향상시키기 위해 환경에 통합될 수 있는 새로운 기회를 지속적으로 탐색하는 역량이다. 디지털 기술의 발전 속도가 굉장히 빠르고 신속하게 보급되고 확산되기 때문에 기술 변화에 뒤처지지 않기 위해서는 이러한 변화에 민감하게 대응하고 신속하게 대처하며 지적 호기심을 잃지 않도록 노력해야 한다.

아이들을 디지털로부터 완전히 차단하거나 디지털을 완전히 통제하는 것은 불가능하다. '디지털 전환'이라는 물줄기를 어찌 한 가정의 부모 힘으로 막을 수 있겠는가? 막을 수 없다면 거대한 물줄기에 속절없이 휩쓸려 가지 않도록 하되 물줄기에 몸을 맡기고 물의 흐름을 느끼는 것도 한 방법이다. 거대한 사회적 변화에 적절하게 대응하기 위해서는 미래 변화의 예측을 통해 필요한 역량을 미리미리 준비하는 것이 좋다. 미래 역량이 필요한 이유가 바로 여기에 있다.

다만, 기술에 대한 맹목적 신뢰는 삼가야 한다. 이는 그리스 신화에 나오는 '이카로스(Icarus)의 날개'가 우리에게 주는 교훈이다. 우리는 이카로스의 날개를 미지의 세계에 대한 인간의 동경을 상징하는 것으로 알고 있다. 부모의 경고를 무시한 자식의 비극적 결말이라며 자식은 부모 말을 잘 따라야 한다는 교훈을 보여주는 내용이라고 하는 이들도 있다. 하지만 이카로스의 날개에는 기술에 대해 인류에게 내리는 엄중한 경고가 있다. 아무리 훌륭한 기술이라도 악용하면 자신을 파괴하는 결과가 나타난다는 것이다. 기술이 중요한 게 아니라 올바른 생각과 의지가 중요함을 강조한다. 디지털 기술이라고 예외는 아니다. 일상의 모든 것이 디지털 기술로 대체되는 현대에도 '이카로스의 날개'가 주는 교훈은 여전히 유효하다.

참고문헌

과학기술정보통신부·한국지능정보사회진흥원. 2021. 「2021 스마트폰 과의존 실태조사」.

김승현·이창배·김세신·김태현·정임수·조성진. 2022. 「사이버 윤리의식이 청소년의 사이버폭력 가해경험에 미치는 영향: 부모통제의 조절효과를 중심으로」. ≪한국치안행정논집≫, 19(1), 17~34쪽.

김연신. 2010. 「18세기의 독서 중독증과 책 읽기의 문제—괴테의 『베르테르』 수용을 중심으로」. ≪괴테연구≫, 23(23), 75~94쪽.

러더퍼드, 애덤(Adam Rutherford). 2019. 『우리는 어떻게 지금의 인간이 되었나: 불, 요리, 폭력, 패션 그리고 섹스를 통해 본 인류 진화에 대한 색다른 탐험(The Book of Humans: The Story of How We Became Us)』. 김성훈 옮김. 서울: 반니.

벌라주, 벨러[발라즈, 벨라(B. Balázs)]. 2003. 『영화의 이론(Theory of the film)』. 이형식

옮김. 서울: 동문선.

섀드볼트, 나이절(N. Shadbolt)·로저 햄프슨(R. Hampson). 2019. 『디지털 유인원[The Digital Ape: How to Live (in Peace) with Smart Machines]』. 김명주 옮김. 서울: 을유문화사.

양윤·김혜미. 2018. 「대안 제시 형태, 대안 수의 크기, 정보처리 양식이 소비자의 선택 과부하에 미치는 영향」. ≪한국심리학회지: 소비자·광고≫, 19(2), 429~450쪽.

영, 킴벌리(K.S. Young). 2000. 『인터넷 중독증(Caught in the Net)』. 김현수 옮김. 서울: 나눔의집.

장, 조르주(G. Jean). 2003. 『문자의 역사(L'écriture Mémoire des Hommes)』. 이종인 옮김. 서울: 시공사.

포스트먼, 닐(N. Postman). 2009. 『죽도록 즐기기(Amusing Ourselves to Death)』. 홍윤선 옮김. 서울: 굿인포메이션.

하재근. 2012. 『TV 쇼크: TV, 내 아이의 두뇌가 위험하다』. 서울: 경향에듀.

한국정보화진흥원 엮음. 2010. 『정보윤리의 이해와 실천』. 서울: 한국정보화진흥원.

Anderson, E.L., E. Steen and V. Strvropoulos. 2017. "Internet use and problematic internet use: a systematic review of longitudinal research trends in adolescence and emergent adulthood." *International Journal of Adolescence and Youth*, 22(4), pp.430~454.

Berkowitz, L. 1984. "Some effects of thoughts on anti- and prosocial influences of media events: a cognitive-neoassociation analysis." *Psychological Bulletin*, 95(3), pp.410~427.

Büchi, M., N. Just and M. Latzer. 2016. "Modeling the second-level digital divide: a five-country study of social differences in internet use." *New Media & Society*, 18(11), pp.2703~2722.

Davis, N. 2011. "Information overload, reloaded." *Bulletin of the American Society for Information Science and Technology*, 37(5), pp.45~49.

Dobbs, R., J. Manyika and J. Woetzel. 2016. *No Ordinary Disruption: The Four Global Forces Breaking All the Trends.* New York: PublicAffairs.

Duggan, M. 2017. "Online harassment 2017." Pew Research Center.

Eppler, M.J. and J. Mengis. 2004. "The concept of information overload: a review of literature from organization science, accounting, marketing, MIS, and related disciplines." *The Information Society*, 20(5), pp.325~344.

Global Kids Online. 2019. "Global kids online: comparative report." UNICEF Office of Research—Innocenti.

Horrigan, J.B. 2016. "Information overload." Pew Research Center.

Huesmann, L.R. and L.D. Eron. 2013. *Television and the Aggressive Child: A Cross-national Comparison.* New York: Routledge.

Kwik, J. 2020. *Limitless: Upgrade Your Brain, Learn Anything Faster, and Unlock Your Exceptional Life.* New York: Hay House.

LaFrance, Adrienne. 2015.9.3. "How telephone etiquette has changed." *The Atlantic.* https://www.theatlantic.com/technology/archive/2015/09/how-telephone-eti quette-has-changed/403564/.

Malhotra, N.K., A.K. Jain and S.W. Lagakos. 1982. "The information overload contro-versy: an alternative viewpoint." *Journal of Marketing*, 46(2), pp.27~37.

McKee, J. 2021. *Parenting Generation Screen: Guiding Your Kids to be Wise in a Digit-al World.* Illinois: Tyndale House Publishers.

Merz, M. and Q. Chen. 2006. "Consumers' internet and internet consumers: exploring internet-based electronic decision aids." *Advances in Consumer Research*, 27, pp.412~432.

New Scientist. 2005.4.27. "Info-overload harms concentration more than marijuana." https://www.newscientist.com/article/mg18624973-400-info-overload-harms-c oncentration-more-than-marijuana/.

Olmstead, K. and A. Smith. 2017. "Americans and cybersecurity." Pew Research Center.

Pew Research Center. 2018. "Internet/broadband fact sheet." www.pewinternet.org/fa ct-sheet/internet-broadband/ (검색일: 2022.10.18).

Prensky, M. 2001. "Digital Natives, Digital Immigrants." *On the Horizon*, 9(5), pp.1~6.

Smith, A. and K. Olmstead. 2018. "Declining majority of online adults say the internet has been good for society." Pew Research Center.

statista. 2022. "Number of monthly active Facebook users worldwide as of 3rd quarter 2022." https://www.statista.com/statistics/264810/number-of-monthly-active-f acebook-users-worldwide/ (검색일 : 2022.11.3).

Stever, G.S., D.C. Giles, J.D. Cohen and M.E. Myers. 2022. *Understanding Media Psychology*. New York: Routledge.

Tapscott, D. 1998. *Growing Up Digital: The Rise of the Net Generation*. New York: McGraw-Hill.

van Beuningen, J. and R. Kloosterman. 2018. "Opvattingen over Sociale Media(Opinions about Social Media)." CBS.

van den Broeck, E., K. Poels and M. Walrave. 2015. "Older and wiser? Facebook use, privacy concern, and privacy protection in the life stages of emerging, young, and middle adulthood." *Social Media & Society*, 1(2), pp.1~11.

van Deursen, A.J.A.M. and J.A.G.M. van Dijk. 2012. "Trendrapport internetgebruik 2012: een Nederlands en Europees perspectief." University of Twente.

van Laar, E., A. van Deursen, J. van Dijk and J. Haan. 2017. "The relation between 21st-century skills and digital skills: a systematic literature review." *Computer in Human Behavior*, 72, pp.577~588.

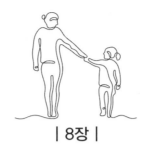

| 8장 |

스마트폰에 빠진 아이
구하는 스마트폰
역발상 전략

동명대학교 교수 | 고영삼

이 장은 코로나로 인해 외부 활동이 줄어들면서 스마트폰에만 의지하는 아이들을 보며 걱정하고 있는 학부모를 위해 쓴 글이다. 부모들은 자녀가 성장기에 친구들과 실외에서 스마트폰이 아닌 다른 놀이를 통해 친교를 나누며 성장하기를 바란다. 그러나 현실은 그렇지 않다. 아이들은 방 안에 죽치고 앉아 스마트폰만 보면서 맨날 게임만 하며 공부도 게을리한다. 문제는 대개의 부모들은 이 경우 어떻게 해야 할지 모른 채, 참으며 지낸다는 것이다. 필자는 스마트폰 역발상 전략을 제시한다. 역발상 전략은 아이에게 스마트폰을 사용하지 마라, 시간을 지켜라, 게임하지 마라는 등의 행동 규제 위주의 교육은 소용없다고 말한다. 오히려 자녀의 스마트폰 사용 그 자체를 인정하고서, 스마트폰을 사용하는 에너지를 활용하여 자녀의 관심과 흥미를 알아내고, 이를 통해 아이를 성장시키는 힌트를 찾아낼 수 있다고 주장한다. 상담법으로 치자면 '문제와 함께 뒹굴기 전략'이다. 구체적으로 다음과 같은 한 세트 네 가지 방법이다. 첫째는 '스마트폰 문명의 도래를 인정하라', 둘째는 '자녀에게 영향을 미치는 스마트폰 과다 사용의 영향 요인을 알아내라', 셋째는 '아이의 스마트폰 사용 유형을 분석하라' 그리고 마지막으로 넷째는 '자녀와 기본을 지키며 관계하라'다.

1. 코로나로 인한 '방콕' 생활 속 스마트폰 사용에 대한 우려

코로나로 유발된 곤란이 많지만, 그중에서 가장 심각한 것이 아이들의 스마트폰 과다 사용일 것이다. 외부 활동이 강제적으로 줄어들어 스마트폰에만 의지하며 보내는 아이들을 보면서 부모들은 자녀들이 △좋은 친구들과 △실외에서 △다양한 놀이를 통해 친교를 나누면서 △공부도 열심히 하며 △성장하기를 바란다. 그러나 현실은 그렇지 않다. 아이들은 △방 안에 죽치고 앉아 △스마트폰만 보면서 △게임만 하고 있으며 △공부도 하지 않고 △건강하게 성장하지도 않는다.

그리고 마음 같아서는 △아이 이야기도 참을성 있게 들으며 △맛있는 것도 해먹이고 △대화도 하며 지내고 싶으나 △밥 먹을 때조차도 스마트폰만 보고 있는 아이에게 △참다참다 분노를 폭발해 버려 △대화가 단절된 집안 분위기로 살게 된다. 그래서 외부 사람들과 해야 할 사회적 거리두기를 자녀와 하게 된다.

사실 부모들의 걱정이 틀린 것은 아니다. 아니나 다를까, 지난 2022년 4월 13일 교육부가 발표한 바에 따르면, 코로나19 이후 학생들의 인터넷과 스마트폰 사용 시간이 많이 늘어난 것으로 나타났다. 전체 학생의 73.8%가 코로나19 이후 인터넷·스마트폰 사용 시간이 늘었다고 답했다. 특히 초등 저학년(1~4학년)의 83.5%가 "늘었다"라고 답해 전 학년 중 가장 높게 나타났다(교육부, 2022).

경우가 이렇다 보니 아이들의 정신 건강도 문제가 있는 것으로 나타났다. 전국 초·중·고등학생 34만 1412명을 대상으로 한, 앞의 조사에서 초등학생의 27%가 "코로나 이전보다 우울해졌다", 26.3%가 "코로나 이전보다 불안해졌다"라고 응답했다. 또한 중·고등학생의 12.2%가 우울 중등도 이상, 7.0%가 불안 중등도 이상으로 드러났다.

표 8-1 **코로나 전후간의 우울 및 불안**

구분	코로나 이전보다 우울해졌다			코로나 이전보다 불안해졌다			구분	우울		불안	
	아니다	모름	그렇다	아니다	모름	그렇다		중등도 미만*	중등도 이상**	중등도 미만*	중등도 이상**
초저	57.3 (92,590)	17.3 (28,037)	25.4 (41,026)	63.4 (102,398)	12.8 (20,764)	23.8 (38,491)	중	89.4 (71,406)	10.6 (8,474)	94.0 (75,066)	6.0 (4,814)
초고	42.7 (20,759)	24.9 (12,084)	32.4 (15,722)	46.6 (22,664)	18.6 (9,019)	34.8 (16,882)	고	85.3 (43,773)	14.7 (7,541)	91.5 (46,976)	8.5 (4,338)
계	53.9 (113,349)	19.1 (40,121)	27.0 (56,748)	59.5 (125,062)	14.2 (29,783)	26.3 (55,373)	계	87.8 (115,179)	12.2 (16,015)	93.0 (122,042)	7.0 (9,152)

*지난 2주일 동안 우울·불안을 느끼지 않았거나 며칠간 느낌. **지난 2주일 동안 7일 이상 느낌.
자료: 교육부(2022).

한편, 이렇게 코로나로 인해 자녀들의 스마트폰 사용에 대한 우려가 심대하고 또 실제 아이들의 건강이 위협받고 있음에도 불구하고 아이를 훈육하는 방법을 몰라서 항상 걱정하거나 갈등하며 지내는 경우가 많은 것으로 나타났다. 한국지능정보사회진흥원의 실태조사에서 나타난 자녀의 스마트폰 과의존의 주요 원인에 대한 학부모의 의견을 보면, "자녀의 스마트폰 이용에 대한 훈육 방법을 잘 몰라서"(36.1%)가 가장 많았으며, "맞벌이 증가 등으로 인한 훈육 시간의 부족"(33.0%), "부모의 편의에 의한 스마트폰 사용 방임"(20.0%), "스마트폰을 대체할 다른 놀이 환경의 부족"(10.9%) 등의 순서로 나타났다(과학기술정보통신부·한국지능정보사회진흥원, 2021).

이를 종합해 볼 때, 결국 다수의 학부모들은 아이들의 스마트폰 사용에 대해 늘 우려하고 걱정하며 불만족스럽게 생각하면서도, 정확한 훈육 방법을 몰라서 그냥 참고 지낸다고 해석할 수 있다. 경우에 따라서 간헐적으로 아이의 스마트폰 사용에 대해 지도나 훈육을 하기도 하는데, 어떤 경우 감정을 쌓아두고 있다가 크게 나무라게 되어, 오히려 대화 없이 더욱 멀어지는 가족이 되어버리기도 한다.

그림 8-1 자녀의 스마트폰 과의존 주요 원인

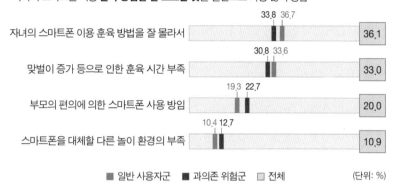

유아 자녀의 스마트폰 과의존 주요 원인은?
"자녀의 스마트폰 이용 **훈육 방법을 잘 모르는 것**을 원인으로 가장 많이 응답"

자녀의 스마트폰 이용 훈육 방법을 잘 몰라서 33.8 36.7 **36.1**

맞벌이 증가 등으로 인한 훈육 시간 부족 30.8 33.6 **33.0**

부모의 편의에 의한 스마트폰 사용 방임 19.3 22.7 **20.0**

스마트폰을 대체할 다른 놀이 환경의 부족 10.4 12.7 **10.9**

■ 일반 사용자군   ■ 과의존 위험군   ☐ 전체   (단위: %)

자료: 과학기술정보통신부·한국지능정보사회진흥원(2021).

그러면 부모 스스로도 역할을 잘했다고 자평하고 아이 스스로도 일관된 자세로 절제하는 방법은 어떤 것일까? '부모'가 '학부모'가 되어야 한다고 주장하고 싶다. 학부모는 무엇이고, 부모는 무엇인가? 부모는 아이에게 여러 가지 얼굴을 가진 존재다. 아이를 낳고, 성장 양육 과정에 의식주를 무한으로 제공해 준다. 아이의 성장과 관련하여, 자신이 못다 누린 욕구를 대리 욕구화하여 아이에게 부과하고 모든 지원을 한다. 이는 모두 부모 자녀 간의 애정이라는 특수 조건이 개입된 것이다.

하지만 학부모는 부모와 다르게 아이를 잘 성장하도록 '교육'시키는 존재로서 의미가 더 있다. 당연히 이 교육은 애정에 기반하기보다는 합리적 사고에 더 기반해 있다. 합리적 사고에 기반하여 자녀의 스마트폰 사용법을 지도하는 가정교육 방법은 다양하다. 여기서는 일단 한 세트로 된 네 가지 방법을 말하고 싶다. 네 가지 방법을 하나로 묶어서 말하자면, '스마트폰 역발상 전략'이다. 이 전략은 아이에게 스마트폰을 사용하지 마라, 시간을 지켜라, 게임하지 마라는 등의 행동 규제 위주의 가정교육과 반대되는 전략이다. '스마트폰 행동 규제 전략'은 힘만 많이 들고 효과적이지 못하다. 그보다는 오히려 자녀의 스마트폰 사용 그 자체를 인정하고서, 스마트폰을 사용하는 에너지를 활용하여 자녀의 기본적 관심과 흥미를 알아내고, 이를 통해 아이를 성장시키는 힌트를 찾는 것이 중요하다. 상담법으로 치자면, '문제와 함께 뒹굴기 전략'에 해당한다. 이와 같은 스마트폰 역발상 전략은 다음의 네 가지로 구성된다. 첫째는 '스마트폰 문명의 도래를 인정하라', 둘째는 '자녀에게 영향을 미치는 스마트폰 과다 사용의 영향 요인을 알아내라', 셋째는 '아이의 스마트폰 사용 유형을 분석하라' 그리고 마지막으로 넷째는 '자녀와 기본을 지키며 관계하라'다.

2. 스마트폰 문명의 도래를 인정하라

스마트폰은 시대의 문명이다. 이를 이해하는 것은 가정교육에 있어서 매우 중요하다. 아이들에게 스마트폰 없이 어떤 것을 하라고 요구하는 것은 아예 말이 되지 않는 일이 되었다. 그런데 부모들은 부모 자격을 내세워 그렇게 한다. 잘못된 행동이다. 왜 그런가? 기실 부모들도 자신들의 성장 과정에 어떤 문명과 문화 속에서 성장했다. 자신이 속한 그 세대의 문화에 적응하여 자라면서, 부모라는 기성세대에게 대항하며 성장했다. 지금의 자녀들 또한 자신들의 세대 문화에 적응하며 살아간다. 그런데 이제 부모가 되어 자녀에게 그들의 문화를 부정하며 그러지 말라고 하는 것은 이치에도 맞지 않는다.

그러면 스마트폰 문명이란 무엇인가? 스마트폰이 일상생활뿐 아니라 조직의 운영, 기업의 활동 그리고 국가와 국가 간 커뮤니케이션의 기본이 되고 모든 활동이 이를 매개로 이루어져 자연스럽게 되는 상태를 말한다. 스마트폰 문명은 심지어 인간의 유형까지도 변화시켜 놓는다. 예를 들어 호모 사피엔스라는 현생인류의 특성을 바꾸고 있다. 문명사가인 요한 하위징아(Johan Huizinga)는 현생인류의 특성을 『호모 루덴스(Home Ludens)』에서 세 가지 개념으로 정리했다(하위징아, 2018; 고영삼, 2021).

- 인간의 생각하는 능력을 강조한 호모 사피엔스(*Homo sapiens*)
- 무언가를 직접 만들고 제작하는 특성을 강조한 호모 파베르(Homo faber)
- 즐기고 유희할 수 있는 특성을 강조한 호모 루덴스(Homo ludens)

그런데 현재 진행되고 있는 문명을 보면 이러한 특성이 스마트폰을 매개로 더욱 활성화되고 있다. 이를 관찰하여 영국 경제 주간지 ≪이코노미스트≫는 2015년 3월 "스마트폰의 행성(Planet of the phones)"이라는 글에서 '포노 사피엔스(Phono sapiens)'라는 용어를 사용했다. 스마트폰을 마치 신체의 일부분처럼 사용하면서 살아가는 인류라는 의미다. 스마트폰이 인간의 삶에 미친 영향을 생각해 보면, 과연 인간의 문명은 스마트폰의 출현 이전과 이후로 나눌 정도가 되었다.

이 시대의 스마트폰은 단순히 기능적 도구만은 아니다. 그 자체가 가치 있는 일상이다. 링(Rich Ling)과 이트리(Birgitte Yttri)에 따르면, 휴대전화의 사용은 도구적 사용(instrumental use)과 표현적 사용(expressive use)으로 나뉜다(이재현, 2004: 87~93에서 재인용). 이들에 따르면, 도구적 사용은 휴대전화를 긴급한 응급 상황이나 약속 변경을 위해 사용하거나 외출 후 원격으로 자녀를 돌보는 데 쓰는 등, 일상생활에서 다양한 활동들을 조정하는 데 전화를 사용하는 미시 조정(micro-coordination)을 말한다. 그리고 표현적 사용은 휴대전화를 정서적·사교적 커뮤니케이션과 같은 상호작용을 위해 사용하는 경우로서 하이퍼 조정(hyper-coordination)의 차원이 있다. 인간은 미시 차원이건 하이퍼 차원이건 소통하는 동물인데, 스마트폰은 언젠가부터 이 두 차원에 있어서 없어서는 안 되는 존재가 되었다.

한편 스마트폰 문명은 더욱 강화될 것이라는 전망이 있다. 2017년 7월 구글의 레이 커즈와일(Ray Kurzweil)은 상상도 할 수 없는 새로운 인간의 형태로서 신인류(new type)의 탄생을 예견한 바 있다. 유엔미래포럼의 제롬 글렌(Jerome Glenn) 회장도 사이버 나우(Cyber Now)라고 부르는 특수 콘택트렌즈와 특수 의복을 통해 24시간 인터넷에 연결된 초인간을 예측했다. 레이 커즈와일은 인간의 진화를 여섯 단계로 설정했다. 즉, 진화는 인간을 만들었고, 인간은 기술을 창조했으며, 이제 인간은 점점 발전하는 기술과 합심해서 차세대 기술을 창조하고 있는데, 향후 특이점이 올 때 인간은 기계와 결합하리라고 예측한 것이다(Kurzweil, 2006; 고영삼, 2021).

이와 같은 문명의 큰 흐름은 기성세대보다는 아이들에게 더 빨리 스며든다. 아이들은 기성인들이 여러 번 들어도 익숙해지지 않는 스마트폰의 사용법을 배우지 않고도 안다. 기성인보다 훨씬 더 친화적이다. 한발 앞서 그 문명에 다가가 있는 그들에게 과거의 관점에서 중독, 의존이라는 낙인을 찍는 것은 생각해 볼 일이다.

3. 아이의 스마트폰 과다 사용의 영향 요인을 알아내라

하지만 아이들 중에는 분명히 스마트폰을 지나치게 사용하는 이가 있다. 이른바 과다 사용자다. 이러한 과다 사용자들을 반드시 정신적 문제가 있는 것으로 봐야 하는지는 매우 민감한 문제다. 어느 정도 사용해야 정상이며, 또 과다 사용인가? 그리고 과의존 혹은 중독인가? 이를 정확히 판단하는 것은 매우 어려운 일이다. 심지어 지난 10년 넘게 논쟁 중인바 스마트폰 '중독'은 과연 존재하는 것인가?

학부모에게는 이것이 실제적인 고민거리다. 이것은 전문가가 판단해야 하는 문제이기에 정부에서 운영하는 스마트쉼센터 홈페이지(https://www.iapc.or.kr/kor/PBBS/diaSurvey.do?idx=7)를 방문하여 자가 진단, 관찰자 진단을 받아보는 것이 좋다. 단, 사전에 알아야 할 것은 스마트폰을 과도하게 사용하는 것에 대해 정부 부처별로 다른 용어를 사용하고 있다는 점이다. 즉, 보건복지부는 게임중독이 존재한다고 주장한다. 세계보건기구(WHO)에서 주장하는 바를 근거로 이렇게 주장한다. 그러나 게임 산업 정책을 총괄하는 문화체육관광부는 게임에 대한 과몰입은 있을 수 있지만 과도하게 사용하는 것이 중독은 아니라고 판단한다. 정보통신 서비스 정책을 총괄하는 과학기술정보통신부에서는 과도하게 사용하는 현상에 대해 중독이라고 하지 않고 과의존이라고 표현한다.

앞에서 소개한 홈페이지에서 과의존자로 나타나면 센터를 방문하는 것이 좋다. 하지만 학부모로서는 아이가 왜 스마트폰을 그렇게 과다 사용하는지, 어떤 콘텐츠를 많이 사용하는지를 아는 것이 매우 중요하다. 이것은 전문 센터를 방문하면 전문가와 함께 파악할 수 있다. 그러나 학부모로서 일상생활 중에 이와 관련한 지식을 가지는 것이 중요하다.

한국지능정보사회진흥원(구 한국정보화진흥원)에서는 아이들이 인터넷을 과다 사용하게 되는 영향 요인을 연구한 바 있다. 연구진은 기존 연구 결과를 토대로 인터넷 과다 사용의 영향 요인을 도출한 후 전문가 의견을 받았고, 영향 요인 간 AHP 기법을 적용하여 쌍대 비교를 함으로써 영향 요인의 우선순위를 도출했다. 참여한 전문가는 상담사 8명, 상담교사 1명, 대학교수 2명, 공공기관 전문가 3명, 연구소 연구원 1명이었다.

결과는 14개의 하위 요인 중 가정환경(0.273)이 가장 영향을 많이 미치는

표 8-2 **인터넷 과다 사용 영향 요인들의 중요도**

상위 요인			하위 요인		
구분	중요도	순위	구분	중요도	순위
개인적 요인	0.104	4	인구통계학적 요인	0.015	14
			개인의 유전적, 신체적 특성	0.017	13
			인터넷 사용 이유 내지 목적	0.045	9
			인터넷 사용 시간, 사용 기간	0.027	11
심리적 요인	0.373	2	우울감 및 외로움	0.105	3
			자아존중감, 자기효능감, 자기의존성	0.100	4
			자기통제 및 충동성	0.116	2
			자극 추구	0.052	7
환경적 요인	0.415	1	가정환경	0.273	1
			학교 환경	0.083	5
			사회(직장) 환경	0.059	6
인터넷 속성 및 기능 요인	0.107	3	인터넷의 내재적 특성	0.051	8
			인터넷의 물리적 특성	0.022	12
			인터넷 기능	0.034	10

자료: 한국정보화진흥원(2009).

요인으로 나타났으며, 그다음으로 자기통제 및 충동성(2순위: 0.116), 우울감 및 외로움(3순위: 0.105), 자아존중감, 자기효능감, 자기의존성(4순위: 0.100), 학교 환경(5순위: 0.083) 순으로 나타났다. 반면에 인구통계학적 요인(0.015)이 가장 낮은 중요도로 평가받아 14위로 나타났으며, 개인의 유전적, 신체적 특성(13위: 0.017), 인터넷의 물리적 특성(12위: 0.022), 인터넷의 사용 시간과 기간(11위: 0.027), 인터넷 기능(10위: 0.034)이 매우 낮은 요인인 것으로 나타났다.

이 연구 결과를 소개하는 이유는 학부모들이 보편적인 영향 요인을 참고

하되 자신의 자녀는 어떤 요인에 영향을 많이 받는지를 평가하라는 메시지를 전하기 위해서다. 어떤 아이는 가정환경이 스마트폰 과의존의 가장 큰 원인일 수 있지만, 어떤 아이는 우울감이나 외로움이 가장 큰 원인일 수 있다.

필자의 현장 경험으로 판단하건대, 어쨌든 다른 어떤 요인보다 자기통제력 부족, 우울감이나 외로움, 낮은 자아존중감 등으로 스마트폰에 빠져든다면 상당히 깊은 과의존으로 갈 가능성이 많다. 이들 요인들에 역기능적인 가정환경까지 보태진다면 더욱 곤란한 상황으로 치닫게 된다.

4. 아이의 스마트폰 사용 유형을 분석하라

아이의 스마트폰 과다 사용의 원인을 앞에서와 같이 곰곰이 파악하면서 동시에 분석해야 하는 것이 있다. 바로 스마트폰 사용의 유형이다. 앞과 같은 과다 사용의 원인은 정말 과도하게 사용하는 이유를 말한다면, 여기서 말하는 사용 유형은 단순히 사용을 하는 유형을 말한다.

사람은 누구든 어떤 욕구가 있다. 갈증이 있는 사람은 물을 마시고 싶고, 배가 고픈 사람은 밥을 먹고 싶다. 이와 같이 모든 생명체는 어떤 원인에 의해 어떤 것을 원한다. 스마트폰 문명권에서 스마트폰을 하는 아이는 가정환경 때문이거나, 혹은 어떤 적성, 혹은 친구들과의 관계에 의해 해보고 싶은 무엇이 있을 수 있다. 그것을 우리는 스마트폰 사용 욕구라고 명명할 수 있다. 이 개념은 앞서 우리가 사용한 스마트폰 과다 사용의 영향 요인과 같은 부정적인 방향의 개념은 아니다.

사용 욕구 유형은 〈표 8-3〉에서와 같이 총 10개로 유형화할 수 있다. 이 유형은 한국정보화진흥원에서 정여주 교수 팀과 함께 연구하여 도출한 결과(한국정보화진흥원, 2016)로, 표에서 보듯이 온라인 관계형성(online relationship), 현실친구 소속인정(belonging and acceptance), 괜찮은 자기 확인 (good self identification), 새로운 자기경험(new self experience), 생각과 의견 표현(thought expression), 정서표현(emotion expression), 정보습득(information gathering), 스트레스 해소(stress reduction), 게임조작성취(accomplishment in game), 재미(fun) 등으로 나타났다.

각 유형이 뜻하는 바는 표에 설명되어 있다. 아이들은 각자 그 어떤 이유로 스마트폰을 사용할지라도 이 유형 중에 속할 것이다. 이 유형의 좋은 점은 아이의 스마트폰 사용의 원인을 반드시 나쁜 쪽에서만 찾는 것이 아니라는 점이다.

스마트폰 사용에 대해 아이와 대화할 때 가장 삼가야 할 것은 스마트폰을 사용하는 것에 대해 미리 좋지 않은 시각으로 생각하면서 대화하는 자세다. 이렇게 시작하면 그렇지 않아도 아이의 입장에서는 스마트폰 사용에 대해 부모와 대화하는 상황 자체가 불편한데, 부모가 부정적인 생각을 가지고 대화하는 투가 드러나면 마음이 불편해져서 피해버리게 된다. 그런데 이 표와 같이 중립적이고 활용하기에 따라 아이를 알아가는 데 도움이 되거나, 아이도 자신을 제대로 알아주기에 기뻐할 수 있는 내용이 있다면 좋을 것이다. 이 내용은 그런 점에서 상당히 도움이 된다.

표를 사용하는 방법은 다음과 같다. ① 일단 아이의 마음을 편하게 한 뒤, 인터넷과 스마트폰을 사용하는 이유를 알고자 하며, 이는 도와주기 위해서라는 것을 잘 이야기하여 솔직하게 응답하도록 이끈다. ② 아이가 35개 문항을 직접 작성하도록 하는데, 각 질문 내용에 긍정하는 정도에 따라 1점에서 5점을 주도록 한다. ③ 10개의 각 유형별로 점수를 더한다. ④ 10개의 유형에서 가장 많은 점수가 나온 것 3개, 제일 적게 나온 것 3개를 선택한다. ⑤ 점수가 제일 많이 나온 것이 자녀가 인터넷과 스마트폰을 사용하는 이유라는 것을 참고로 하여 아이의 특성을 알고, 이에 맞도록 대화를 하고

표 8-3 청소년 인터넷·스마트폰 사용 욕구 분석틀

항목			점수				
			1점	2점	3점	4점	5점
온라인 관계형성	1	인터넷에서 만난 사람들과 함께하는 느낌이 들어서 좋다.					
	2	인터넷에서 사귄 사람과는 맺고 끊음이 편해서 좋다.					
	3	인터넷에서 만난 친구와 얘기할 땐 일일이 반응해 주지 않아도 돼서 편하다.					
	4	인터넷에서 만난 친구들과는 창피한 마음이 생기지 않아서 편하다.					
현실친구 소속인정	5	인터넷 게임이나 SNS 등을 하지 않으면 친구들과 소속감이 사라질 것 같다.					
	6	페이스북 등에서 좋아요 또는 추천을 받으면서 사람들에게 인정받고 있다는 생각이 든다.					
	7	현실 속 친구들의 SNS 글에 좋아요 등을 누르면서 호감을 표현하기를 좋아한다.					
	8	현실 속 친구들과 더 친해질 수 있어서 인터넷을 하게 된다.					
괜찮은 자기확인	9	인터넷 안에서 내가 멋진 사람이 된 것 같다.					
	10	인터넷 안에서 내가 자랑스럽게 느껴진다.					
	11	인터넷 안에서 내가 바라는 모습이 되는 것 같다.					
새로운 자기경험	12	인터넷 안에서 나도 모르는 내 모습을 경험할 수 있어서 좋다.					
	13	인터넷 안에서는 안 해봤던 행동들도 해볼 수 있어서 좋다.					
	14	인터넷 안에서 다른 성격의 사람으로 지낼 수 있어서 좋다.					
생각과 의견 표현	15	인터넷 안에서 누군가의 글에 대한 내 생각을 표현할 수 있어서 좋다.					
	16	인터넷 안에서 나랑 다른 생각을 가진 사람들과 토론할 수 있어서 좋다.					
	17	인터넷을 통해서 다양한 사람들과 생각을 공유하고 나눌 수 있어서 좋다.					

항목		점수				
		1점	2점	3점	4점	5점
정서표현	18	인터넷을 통해 좋아하는 마음을 더 잘 표현할 수 있어서 좋다.				
	19	인터넷 속에서 내 마음을 더 강하게 표현할 수 있어서 좋다.				
	20	인터넷을 통해 화가 난 마음을 표출할 수 있어서 좋다.				
	21	익명의 공간에서 남들에게 보여주지 않았던 화를 표현해 볼 수 있어서 좋다.				
정보습득	22	인터넷에서 입시나 공부 관련 정보를 찾아서 보는 것을 즐긴다.				
	23	인터넷을 활용하여 최신 트렌드를 알아보는 것이 좋다.				
	24	인터넷을 활용하여 강의를 듣거나 과제를 해결할 수 있어 좋다.				
스트레스 해소	25	인터넷을 하면 다른 생각을 안 할 수 있어서 좋다.				
	26	인터넷을 하면 마음이 차분해지는 것 같아서 좋다.				
	27	인터넷을 하면서 답답했던 것들을 다 풀 수 있어서 좋다.				
	28	인터넷을 하면 마음이 평화로워져서 좋다.				
게임조작 성취	29	인터넷 게임에서 전략을 짜고 경쟁에서 이기는 것을 즐긴다.				
	30	잘 만들어진 인터넷 게임을 보면 좋다.				
	31	인터넷 게임 전략을 구상하고 이를 적용해 보는 것이 재미있다.				
재미	32	인터넷을 활용하여 관심 있는 동영상을 보는 것이 재미있다.				
	33	웹툰이나 기사, 다른 사람의 생각 등을 보면 흥미진진하고 재미있다.				
	34	인터넷 게임, 웹툰 등을 보면 신나고 재미있다.				
	35	심심할 때 시간을 때우기 위해서 인터넷을 사용하는 것이 좋다.				

자료: 한국정보화진흥원(2016).

조치를 취한다.

5. 기본을 지키며 관계하라

필자는 스마트폰을 과도하게 사용하는 행위에 대해 '중독'이라는 딱지를 붙이는 것을 반대해 왔다. 질병 관점으로 쳐다보면 모든 행위가 질병으로 보인다. 망치는 못을 찾게 되는 것과 마찬가지다. 하지만 필자는 그들의 스마트폰 사용은 포노 사피엔스의 자연스러운 행동으로 봐야 한다는 관점을 가지고 있다. 그래서 아이들의 과도한 사용조차도 스마트폰 '중독'이 아니라 스마트폰 '과의존'이라고 주장하여 마침내 전문가들의 동의를 얻어내어 정부의 공식 명칭으로 만든 경험이 있다.

그러나 과의존이라는 명칭을 사용할지라도 스마트폰의 과도한 행위가 존재함을 부정하는 것은 아니다. 중독이라는 낙인을 함부로 찍는 것은 잘못된 일이지만, 아이들이 스마트폰에 과도하게 의존하는 상황은 극복해야 하는 문제다. 이 절에서는 이런 문제를 포함하여 가정에서 어떻게 대처해야 할지를 설명하려고 한다.

가장 강조하고 싶은 것은 아이들이 가정에서 겉돌게 두어서는 안 된다는 것이다. 가정에서 겉도는 아이는 나가서도 겉돈다. 이때 학부모가 반드시 지켜야 할 기본은 두 가지다.

하나는 아이의 고유한 강점을 알아내어 이 강점이 더욱 성장하도록 하는 일이다. 누구든지 강점은 있다. 물론 부모의 눈에 아이의 행동은 믿음이 덜 갈 수 있다. 하지만 누구든 그렇게 시작한다. 그러나 지혜의 눈을 가진 부모에게는 세상 사람들이 흘려보낼 수 있는 아이의 강점이 보인다. 이 강점은 부모로부터 유전된 것일 수 있고, 가정환경 속에서 만들어진 것일 수 있다. 세상 어떤 아이에게도 강점은 있다. 강점이 없는 것이 아니라, 있는 강점을 아이 본인이 모르고 지나쳤을 수 있고, 부모가 발견해 주지 못했을 뿐이다. 알고 보면, 강점을 발견하여 잘 키우는 자도 부모요, 아이에게 평생 씻을 수 없는 상처를 주는 자도 부모다. 당신은 어떤 부모가 되고 싶은가?

미하이 칙센트미하이(Mihaly Csikszentmihalyi)는 우리가 진정 행복하기 원한다면 가족 관계에서 몰입을 경험하라고 했다. 그는 어떤 집단이든 결속되는 데는 두 가지가 필요하다고 했다. ① 음식, 따뜻함, 신체적 보살핌, 돈 등이 제공하는 물질적 에너지와 ② 상대방의 목표에 관심을 기울여 주는 정신적 에너지다(칙센트미하이, 2007). 가정은 이 두 가지를 동시에 충족시켜 주어야 하는 조직체다. 문제는 대부분의 가정이 물질적 욕구만을 제공할 뿐, 사고방식·정서·활동·기억·꿈 등이 공유되는 장이 아니란 것이다. 사실 아이들이 인터넷이나 스마트폰에 과도하게 빠져드는 것은 정신적 공허함과 연결되어 있다. 인간은 목표가 부재하고 교감을 나눌 사람이 없어지면 의욕을 잃는다. 마음이 공허해지고 불안감마저 엄습하면 이를 해결해 줄 무언가를 찾게 된다. 이것이 바람직하지 않은 쪽으로 빠져드는 원인이 되기도 한다. 아이에게 다음과 같은 점에서 부족한 점은 없는지 살펴보는 것도 좋다(고영삼, 2012: 303).

정서적으로 지원해 주기
아이가 도움이 필요할 때 곁에 있어주기
성장 과정에 정서적 지원을 아끼지 않기
같이 있지 않는 예외 상황일 때 전화하고 자주 안부 묻기

신뢰하고 포용하기
아이의 개인 프라이버시를 존중해 주기

표 8-4 **삭풍언어와 훈풍언어**

구분	특징	사례
삭풍언어	승자와 패자를 가르는 언어 판단, 평가, 우열을 가르는 언어 비난, 충고의 언어	"어휴 저 화상!" "옆집 아이는 ~" "너 죽을래!" "잘~한다." "밥만 처먹지 말고 청소도 좀 해라."
훈풍언어	승자와 패자가 없는 언어 사실을 말하기 느낌을 말하기 바람을 말하기	"참으로 기특해." "역시 넌 믿음직해." "넌 참 나에게 소중해." "다음에는 잘해보자." "청소 좀 해주면 좋겠는데…."

자료 : 고영삼(2012: 300).

비난하지 않고 험담하지 않기

사랑스럽고 원만한 부부 관계 보여주기

즐거움과 유머의 원천이 되어주기

함께 있을 때 기분 좋게 해주기

가벼운 농담 주고받기

좋은 소식을 가장 먼저 나누기

만약 이러한 내용이 복잡하고 여유가 없다면 다음 한 가지만 잘해도 된다. 그것은 따뜻한 언어를 사용하는 것이다. 〈표 8-4〉에서 보듯이 삭풍언어를 사용하지 말고 훈풍언어를 사용해야 한다.

마지막으로 학부모가 아이를 기를 때 반드시 지켜야 할 또 다른 기본은 감사하기다. 감사하기는 긍정 근육을 키우는 데 가장 효과적이다. 특히 신경심장학(neurocardiology) 보고서에는 감사하는 마음을 가졌을 때 인간의 심장은 가장 안정된 박동수를 보인다는 내용이 있다. 감사하기는 심지어

휴식이나 수면, 명상보다도 더 나은 것으로 밝혀지고도 있다. 그러면 감사하기를 어떻게 생활화할 것인가? 답은 매일 밤 자기 전에 다섯 개 정도 감사할 만한 내용을 찾아서 쓰는 것이다. 이에 대해 연구한 소냐 류보미르스키(Sonja Lyubomirsky) 교수 팀에 따르면, 감사일기는 매일, 그리고 하루 중의 구체적인 일을 적을 때 효과적이라고 한다(Lyubomirsky, Sheldon and Schkade, 2005).

참고문헌

고영삼. 2012. 『인터넷에 빼앗긴 아이: 인터넷중독, 해답은 가정에 있다』. 서울: 베가북스.
_____. 2021. 「게임문명이다」. 고영삼 외 지음. 『게임은 훌륭하다: 17가지 시선으로 읽는 게임의 오해와 진실』. 부산: 호밀밭.
과학기술정보통신부·한국지능정보사회진흥원. 2021. 「스마트폰과의존 실태조사」.
교육부. 2022. 「학생 정신건강 실태조사」.
이재현. 2004. 「모바일 미디어와 모바일 사회」. 한국언론학회 주최 모바일 콘텐츠 이론 및 제작 발표회 발표논문.
칙센트미하이, 미하이(M. Csikszentmihalyi). 2007. 『몰입의 즐거움(Finding Flow)』. 이희재 옮김. 서울: 해냄.
하위징아, 요한(J. Huizinga). 2018. 『호모 루덴스: 놀이하는 인간(Homo Ludens: A Study of the Play-Element in Culture)』. 이종인 옮김. 고양: 연암서가.
한국정보화진흥원. 2009. 「인터넷과다사용 요인별 대안프로그램 개발」.
_____. 2016. 「청소년 ICT 진로 적성검사 및 역량강화 프로그램 개발」.

Kurzweil, R. 2006. *The Singularity is Near: When Humans Transcend Biology*. New York: Penguin Books
Lyubomirsky, S., K. Sheldon and D. Schkade. 2005. "Pursuing happiness: the architectures of sustainable change." *Review of General Psychology*, 9(2), pp.111~131.

9장

미디어 예방교육을 통해 본 자녀 지도 연구

H·A·P·P·Y 대화법의 출발

학부모정보감시단 이사장 | 이경화

이 장은 미디어 역기능 해소 문제와 관련하여 전개한 학부모 미디어 예방활동 현장 경험을 통해 자녀 지도의 현실을 파악하고, 자녀 지도의 한계와 미디어에 의해 침투된 일상생활에서의 갈등 탐색과 해소를 위한 대화 기법을 찾아보는 데 초점이 있다. 인터넷 미디어 예방활동에서 언급된 학부모의 자녀 지도 요령은 부모 중재 기법, 부모의 미디어 지식과 미디어 기술, 미디어 이용에 대한 부모 자신의 태도 등을 포함한다. 미디어 예방활동 과정에서 교육 참가자들의 주관적 경험담을 탐색적으로 분석하여, 예방활동에서 부모가 갖추어야 할 자녀 지도 요령으로 제시된 방법이나 기법들이 실제로 얼마나 효과적이었는지를 귀납적으로 분석했다. 분석한 내용을 보면, 가족 구성원 각자의 존재감 결여, 자녀 지도 요령의 미흡과 부적절성, 부모의 소극적인 마음가짐, 자녀의 능력에 대한 신뢰 부족 등을 찾아볼 수 있었다. 이러한 약점을 보완하는 효율적인 자녀 지도 방안으로 정직, 능력, 끈기, 능동성, 상호 존중의 다섯 가지 덕목을 고려한 H·A·P·P·Y 대화 기법을 제안했다.

1. 들어가며

　우리 사회는 새로운 미디어가 등장할 때마다 긴장과 환호를 동시에 보낸다. TV 등장에 대한 환호와 바보상자 호칭은 이미 경험한 미디어 발전 사례다. TV에 대한 환호의 순간이 지나고 긴장과 불안의 메시지가 발생·증폭되어 가는 것이 오늘날 TV의 모습이다. 현재 인터넷이라는 신생 매체의 등장과 발전도 TV 매체가 가졌던 부정적인 수순을 그대로 밟아오고 있다. 청소년 음란물 접촉 관련 실태조사(행정안전부, 2012)에 따르면, 중학생의 약 60%, 초등학생의 40%가 음란물 접촉 경험이 있다. 최근 n번방 사건(2019)은 인터넷에 '범죄의 온상'이라는 이미지까지 더함으로써, 우리 사회에서 미디어는 나쁘다는 인식을 심어주었다.

　많은 인터넷 관련 연구 문헌과 디지털 전문가들은 지속적으로 미디어 역기능 문제의 등장을 예견해 왔다. 따라서 미디어가 쏟아내는 역기능의 현실을 목격하면서, 부모는 자녀들을 돌보는 데 심리적 부담을 가질 수밖에 없다. 아이들에게 '안전기지'(Bowlby and Holmes, 2005)가 되는 부모는 미디어로 인한 위기를 극복할 수 있도록 자녀들을 보호하고 지원하는 역할에 충실하려고 노력을 한다. 실제로 부모의 노력으로 청소년의 사이버비행과 사이버 폭력 가해 경험을 줄일 수 있다는 연구 사례(오세현·신지혜, 2021)는 학부모 미디어 예방교육이 필요하다는 증거를 보여준다.

　그런데도 현장에서 부모들과 자녀들을 만나보면, 부모는 자녀와의 대화에서 어려움을 하소연하고 있다. 아이들은 부모와의 대화를 잔소리로 받아들여서 대화가 길어지면 시간 낭비라고 일축해 버리는 현장을 쉽게 목격하게 된다. 이러한 사실은 학부모 대상 미디어 예방활동에서 행해진 교육 내용을 점검해 볼 필요가 있음을 시사한다고 할 수 있다.

　필자는 '학부모정보감시단'(이하 학정감)에서 진행해 온 학부모 대상 미디어 예방교육을 분석해 자녀 지도 과정에서 부모가 자녀에게 제공하는 대화가 충분히 양질의 수준을 유지하고 있는지 확인해 보려고 한다. 양질의 대화는 자녀의 미디어 일상을 제대로 읽어내는 수단이다. 연구 진행은 다음과 같이 네 단계 과정을 거쳤다.

첫째, 예방활동 전반에 관한 총체적 평가 부분으로 예방활동 참여 현실과 예방활동 교육 내용을 살펴보았고, 둘째로 선행활동 사례를 중심으로 자녀 지도의 내용과 한계를 소개했다. 셋째로는 조사 과정에서 나타난 문제점을 조명했고, 넷째로 자녀 지도의 효율적인 방안으로 H·A·P·P·Y 대화법을 제안했다.

2. 예방활동에 대한 개요 및 평가

1) 학부모 교육 활동

학정감의 학부모 미디어 예방교육은 자녀가 성장 과정에서 부딪치는 미디어 역기능 현실을 부모에게 이해시키고 해결책을 제시하려는 취지로 진행된 것이다. 이 연구에서는 2007~2017년(총 10년) 기간 동안 학정감이 전개한 활동 중 주요 16개 사업 내용을 분석 대상으로 했다. 예방활동 주제로는 중독, 폭력, 욕설, 음란물 등 네 개 문제를 다루었고, 활동사업 내용으로는 "인터넷 윤리", "게임중독 예방", "미디어 이해 교육" 등 크게 세 유형으로 분류해 보았다.

예방활동 교육 대상자들은 학부모, 학부모와 자녀, 조부모와 손주 등의 형태로 나누어볼 수 있었고, 예방활동 참여 기관은 초·중등학교, 지역아동센터, 다문화건강센터, 지역 내 복지관 등을 포함했다.

표 9-1 **학정감 학부모 교육 현황**

유형	사업명	교육 내용	고려해야 할 점
인터넷 윤리	• 네모 밖으로 날다(2010) • 다·다행 프로젝트(2015) • 친구와 함께하는 인터넷 커뮤니티(2013) • 인터넷 윤리로, 쩐터넷 down, ㄴ터넷 up (2013) • 부모 자녀 함께 사이버 폭력 다운, 유쾌한 인터넷 업(2012) • 스마트폰 이용 소감문 대회(2013) • 학교폭력 예방 코칭(2013)	• 미디어는 나쁘다 • 음란물 퇴치 • 해악 금지 등 윤리 의식 강조	• 윤리에 대한 호응도가 낮음 • 윤리는 활동으로 전환 • 부모 자녀 간 격차 확인
게임중독 예방	• 자녀 게임 건강하게 하는 엄마들의 수다카페(2012) • 게임 이해 교육(2014) • 부모와 함께 하는 게임중독 부모 교육 (2013) • 디지털 자녀를 키우는 어머니 파워메이킹(2010) • 게임 이용 자료집(2011)	• 미디어는 나쁘다 • 게임 이용 심리 • 게임 자녀 지도 요령	• 중독 용어에 대한 거부감 • 상담 • 부모도 문제임을 확인 • 중독 예방이 독서는 아니다 • 중독진단지 왜곡 행위 발생
미디어 이해교육	• 부모자녀 함께 만드는 스마트가족(2014) • 시인가네(2015) • 부모 자녀 간 미디어 민주주의(2016) • 청소년 스스로 지킴이 YP(2007-2010) • 스마트 패밀리 글쓰기 대회(2014) • 학교에서 체험하는 넷틱스랜드(2009)	• UCC, QR 코드, 메타버스 등 미디어 환경 변화에 대한 이해 • 문제적 이용과 건강한 이용 • 미디어 문화	• 미디어 이용 심리에 대한 긍정적 의식 • 온라인 글쓰기는 또 다른 차별

2) 학부모 예방활동 참여 현황: 어머니 중심의 참여

미디어 예방 학부모 교육에서 교육 대상은 학생을 돌보는 보호자 위치의 어른들로, 부모, 조부모, 기타 친인척 보호자들을 모두 지칭한다. 그러나 현실에서 학부모 교육은 어머니들의 참여로만 이루어지고 있었는데, 이를 보다 주의 깊게 살펴보면 관심을 끄는 부분이 어머니 중심의 자녀 교육이 그렇지 않은 교육과 구분된다는 것이었다.

실제로 학부모 교육 현장은 항상 참가자의 거의 모두가 어머니들이었으며, 아버지 참석자는 1~2명 정도에 불과했는데, 이는 참석 대상에 아버지도 포함된다는 사실을 확인시켜 주는 의미만 있는 정도였다. 더욱이 아버지가 배제되는 상태는 학부모 교육에서 어제오늘의 일이 아닌 것으로 보였는바, 학부모 교육에 참석한 어머니들은 아버지의 불참에 대해 별다른 불편을 호소하지도 않았다.

한편 어머니로만 구성된 참여의 현실은 학부모 교육 실시 후 어머니들로만 이루어지는 대화에서, 예방교육에서 들은 정보의 공유 외에도 자녀의 학원 정보, 학업 정보에 대해서도 이야기를 교환하는 특이점이 있었다. 이들 어머니들의 생각은 아버지의 불참에 대해 불편함을 가지고 있지 않음은 물론, 오히려 아버지가 예방교육에 참여하는 경우에는 자녀 교육의 방향이나 내용에서 일관성을 얻기 어렵다는 생각을 갖는 것으로 보였다.

또한 아버지가 자녀 지도에 개입을 하면 할수록 자녀는 어머니의 말을 듣지 않는다는 불평도 있었는데, 이 부분은 가정 내에서 아버지와 어머니 사이에 자녀 지도 방법에 있어서 간극이 있음을 보여주는 것이었다(학부모 정보감시단, 2015c, 2010a, 2010b).

아버지의 불참이 보편적인 우리 사회에서, 아버지를 참여시키는 일이 얼마나 힘든지를 보여주는 사례(2013년 UCC 제작 가족영상만들기 활동)도 있었다. 학정감은 아버지가 포함된 가족의 모습이 담긴 전단지를 제작하여 배포했는데, 주최 측은 아버지의 참여가 꼭 필요한 활동이라는 추가적인 설명을 미리 해야만 했다. 여기에 따라온 반응은 '아버지가 꼭 와야 하느냐'고 묻는 질문은 물론, 아버지와 함께 참여한 가족을 향해 던져지는 어색한 눈초리, 심지어 주최 단체가 전단지에 실수로 아버지를 포함시킨 것이라는 의심까지 있었다.

이처럼 우리 사회에서는 여전히 아버지를 자녀 교육 활동에 참여시킨다는 것이 매우 낯선 풍경이다. 실제로 한 아버지는 자녀와 아내의 심한 참여 반대로 심리적 불쾌감을 느낄 정도였다고 하는가 하면, 어떤 어머니는 자신의 가족이 웃음거리가 될지도 모른다는 우려를 표명했다. 더욱이 여기서는 아버지뿐 아니라, 같은 이유로 조부모의 학부모 교육 참여도 어렵다는 사실이 확인되었다(학부모정보감시단, 2013c, 2014b).

이러한 현실은 학부모 교육이 어머니 참여로만 고착화되는 결과를 낳고 있는바, 실제로는 특별한 상황인 다문화 어머니들까지 어려움을 겪게 만들고 있다(2013년 전남 모 지역 다문화센터 학부모 교육). 다문화 어머니들은 '왜 우리는 남편을 학부모 교육에 참여시켜야 하느냐? 한국 어머니들은 남편 없이 학부모 교육에 참여한다'고 불만을 털어놓는 사례가 있었다.

결국 수년간의 학부모 교육 활동을 조사한 결과, 어머니 중심의 비대칭적 참여 현실에서 확인한 사실은, 자녀 지도에서 아버지의 참여는 오히려 어머니와의 갈등을 고조시킨다는 것과, 어머니 중심으로 더 고착되어 가는 인상을 주었다는 것이다. 미디어 예방활동에서 학부모 교육은 학부모의 존재를 동등하게 인정하는 방식과 조부모 등 가족의 다양성을 존중하는 방식의 운영 정책이 필요하다고 보여지는 부분이었다.

3) 예방교육 내용

미디어 예방활동에서 다룬 교육 내용의 큰 주제는 인터넷 윤리, 게임중독 예방, 미디어 이해 교육 등 세 개로 나뉜다. 그 세부사항은 미디어 역기능 현황, 미디어 이해(사이버 문화와 게임 문화 관련), 미디어 역기능 대처 행동 등을 포함한다. 다음에 다룰 교육 내용은 자녀 지도 과정에서 부모들이 갖추어야 할 미디어 지식과 미디어 기술에 관련된 정보를 예시한 것들이다.

첫째, 예방교육의 교육적 효과를 높이려면 심각성을 부각시켜야 한다는 설문조사 자료집(2007년 학부모정보감시단 자료집)을 인용했다. 이와 관련된 사례로는 요즈음 아이들의 무분별한 야동 이용 사례(≪중앙일보≫, 2013. 7.30) 등의 언론보도와, 청소년의 성 경험 실태 연구 문헌(실업계고 25%, 일반고 1% 학생이 성 경험이 있다는 응답) 등이 있다.

마찬가지로 온라인 게임의 심각성을 알리기 위해 모리 아키오의 저서『게임뇌의 공포』(2002), 청소년 주 이용 온라인 게임 이용 실태 모니터링 자료(학부모정보감시단, 2007), 스마트폰 전자파로 발생하는 호르몬 분비 이상 자료(고재욱, 2013) 등도 심각성을 다룬 교육 내용 사례다.

둘째, 급변하는 미디어 환경에서 자녀가 갖추어야 할 인성으로 언급한 인터넷 윤리는 윤리 개념, 윤리적 행동 안내, 기술적 장치 등을 포함한다. 인터넷 윤리 교재는 미국 컴퓨터윤리연구소(CEI: Computer Ethics Institute)에서 언급한 컴퓨터 윤리 10계명(2011), 국내 인터넷윤리실천협의회(2012), 인터넷윤리학회 자료집(2016)의 존중, 책임, 정의와 해악 금지 등 네 가지 도덕원리를 근간으로 했다. 학정감은 인터넷 윤리 십계명, 인터넷 윤리헌장 등을 홍보하면서, 윤리 의식 함양을 위해 윤리적 리더행동 실천운동과, 온라인에서 상대에게 욕설하지 말자, 사진을 함부로 게시하지 말자, 함부로 개인정보 올리지 말자 등의 구호 내용을 준거로 윤리 의식 확산운동을 전개했다.

자녀의 음란 사이트 접속이 가정에서 이루어지므로(이재운·김성식, 2007), 부모는 자녀 관리에 필요한 기술적 장치를 배우게 된다. 음란물 접속 차단에 대한 기술적 조치를 다룬 연구자는 유해정보 차단 소프트웨어 설치가 자녀 보호 요인으로 작용한다고 주장한다(여현철, 2012). 이 주장을 받아들인 학정감은 2011년 학부모 교육 활동에서 그린아이넷(방송통신심의위원회 제작) 홍보 역할을 수행했고, 학부모에게 유해 차단 소프트웨어 설치를 권장했다.

셋째, 미디어 예방교육 내용의 또 다른 주제는 '게임중독 예방교육'으로, 게임중독 예방 교재(학부모정보감시단, 2010a, 2011a, 2014b)에는 게임의 진행 방식에 따른 유형, 게임 콘텐츠에 따른 분류, 게임중독 유형별 특성, 자녀 지도 방법, 게임중독 진단 등을 다루었다.

게임중독은 단기 기억 기능 축소와 전두엽의 약화로 시간 조절 능력에서의 어려움 등 건강 문제를 발생시키고, 폭력성 및 음란성 등의 심리적 부적응을 가져오는 부작용이 있다고 한다. 또한 자기조절감에 대한 연구(Seay and Kraut, 2007)에서는 현실도피감이 높을수록 그리고 자기조절감이 낮을수록 문제적 이용이 높아진다고 한다. 이는 환언하면 자기조절감이 높은 사람은 문제적 이용을 적게 한다는 이야기며, 여기에 동의하는 학정감은 자기 조절 능력을 강조하는 활동을 수행했다.

학정감이 수행한 예방교육 활동에서는 교육 참가자에게 중독진단척도지(한국지능사회정보원 제작)를 사용했다. 교육 대상자들에게 중독 여부를 확인시키고, 그 결과에 따라 상담소 방문 및 상담기법(멘토링, 행동상담, 코칭)을 소개했다. 학정감은 자녀 지도 요령으로 건강한 대화를 통해 게임에만 매달리는 자녀들의 행위를 분산시키자는 제안(학부모정보감시단, 2011b)을 했고, 이와 관련하여 스마트쉼 활동을 전개한 바 있다(학부모정보감시단, 2015b).

3. 자녀 지도의 방법과 효과

자녀 지도는 부모가 갖추어야 할 요령으로 기술적 장치를 이용한 중재 기법, 미디어 지식과 미디어 기술로 확인하는 지원 기법, 자녀의 미디어 이용에 대한 부모의 태도 기법 등을 포함한다. 지금부터 이 방법들의 효과를 살펴보기로 한다.

1) 부모 중재 기법과 효과성

'부모의 중재는 어린이의 부정적인 미디어 사용과 그에 따른 부정적인 영향을 완화하기 위해 부모가 사용하는 일련(一連)의 전략'을 의미한다(정현선 외, 2021). 사실 우리 사회에서 부모 중재에 대한 관심은 오래전부터 있었다. 아동의 무분별한 TV 시청을 통제하기 위해 만들어진 중재 전략은 '시청지도', '시청등급', '부모와 함께 하는 시청' 등을 포함하는데, 주로 초등 저학년생들에게 적용하고 있다(2007-2010년 청소년스스로지킴이 사업).

이러한 TV 중재 전략은 인터넷 이용에도 적용되어 다양한 기법들이 만들어졌다. 유해 차단 프로그램 설치부터 자녀 미디어 이용 감독 프로그램 설치, 최근 위치추적 앱 설치까지 다양하다. 실례로 부모의 감독과 통제에 필요한 기술적 장치인 이동장소/경로 확인 기술, 위치추적 앱 등은 초등학교 저학년층 자녀나 유아기 자녀에게는 효과적이다.

다만 이 중재 기술은 자녀가 초등학교 고학년이 되면 퇴색되기 시작한다. 고학년이 되는 자녀들은 컴퓨터 이용 기술 능력이 높아지고 일탈 행위에 대한 관심이 커지므로, 부모와 상의 없이 유해 차단 프로그램을 피할 수 있는 방식, 자신의 인터넷 접속 기록을 남겨두지 않을 수 있는 기술적 장치, 우회 접속 방식으로 무료 콘텐츠 접속 등을 자연스럽게 이용하게 되기 때문이다(학부모정보감시단, 2013a). 이에 대해 부모는 시간이 흐른 후에야 자녀 지도에 허점이 있었음을 발견하게 된다.

한편 부모는 자녀의 미디어 이용에 대해 의심과 우려의 시선으로 감독하게 되는데, 부모의 이러한 모습은 자녀의 일상적인 온라인 이용 행동을 정직하게 바라보는 것조차 방해한다. 자녀는 자연스럽게 낯선 정보나 낯선 사람을 경험하는데, 이에 대해 부모는 또 다른 의심과 우려로 자녀를 바라보기 때문에 차라리 차단 프로그램을 삭제하는 편이 낫다고 반응하고 있다

(학부모정보감시단, 2014b).

2) 미디어 지식/기술로 확인하는 지원 기법

학부모 교육에서 학정감은 자녀의 미디어 이용을 제대로 이해할 수 있도록 알려주어야 한다는 취지를 살려 부모에게 자녀보다 많은 미디어 지식을 가지도록 안내했다. 학부모 교육 초창기 때 미디어 지식과 미디어 이용 기술 관련 교육에서 학부모들이 관심을 보인 것은 자녀들의 미디어 이용에서 발생하는 문제들(사례: 인터넷 아이템 사기, 레벨업 사기, 무료 게임 전 맛보기 광고 퇴치, 인터넷 욕설)이었다. 이것들은 자녀들이 미디어 이용 일상에서 경험하는 고충 해결에 필요한 대처기술을 요구하는 것들이었다. 이를 보면 당시 부모들은 자녀의 고충을 덜어주는 해결사 역할을 수행하기 원했으며, 학부모 예방교육 효과가 충분히 도움이 될 수 있던 시기였다.

그러나 미디어 지식 및 기술과 관련된 학부모 교육에서 부모들은 자녀의 인터넷 이용 상황에 대해 설명하면서, 자신이 배운 미디어 역량보다 자녀의 미디어 역량이 대체로 월등하다는 사실을 알게 되었다고 고백했다. 이 경우 부모들은 자녀 지도에 동반하는 어려움을 인정하고 있었으며, 나아가 우월한 자녀들을 지도해야 하는 현실에서 발생하는 혼란스러운 경험을 심각한 문제점으로 지적하고 있었다(학부모정보감시단, 2013a, 2017).

부모가 느끼는 혼란스러움은 자녀의 인터넷 활용 능력을 어떻게 이해해야 할지 모르는 상황으로부터 발생한다. 이 상황은 부모들이 자녀의 인터넷 활용 능력을 지적 능력으로 보아야 하는지, 아니면 단순한 놀이 행위로 보아야 하는지를 구분하지 못하고 있다는 사실을 보여준다. 이 사실은 게임중독 상담을 진행하는 이동식 형태의 학부모 교육 활동 중에 만난 한 어머니가 고충을 토로한 사례에서 확인해 볼 수 있다(학부모정보감시단, 2012).

이 어머니의 이동상담실 방문 이유는 자녀가 우수한 인터넷 활용 능력을 가진 것으로 보이는데, 이것이 게임중독 행위인지 우수 능력인지 구분하기 어려워서였다.

그러나 지금은 상황이 달라지고 있는데, 부모는 자녀의 미디어 이용에 대해 대체로 묵인하는 방식을 택하고 있다. 또한 자녀 세대에게 미디어 이용은 삶의 필수 행위이므로, 이를 굳이 언급하여 부모와 자녀 사이에 불화를 만들 필요가 없다는 의식을 가지고 있는 것도 현 상황이었다(학부모정보감시단, 2015c).

3) 자녀의 미디어 이용에 대한 부모의 태도

2013년 인터넷 윤리 관련 학부모 교육에 참석한 한 어머니는 "우리 애는 집에서 인터넷은 하면서, 게임도 안 하고 욕설도 안 해요"라고 했다. 그러나 게임이나 욕설에 대한 걱정거리가 없는데도 이 어머니는 걱정이 많았다. 자녀가 인터넷을 이용하고 있는데 무엇을 하고 있는지 모른다는 것이었다. 어머니는 자녀의 미디어 이용에 대해 알고 싶어 했다.

자녀의 미디어 이용 행위를 보면서 답답하다는 태도를 가진 부모는 다른 사례에서도 확인되었다(학부모정보감시단, 2015c). 분명 자녀가 스마트폰이나 컴퓨터 화면에서 무언가를 보고 있는 줄 아는데, 부모가 무엇을 보느냐고 물어보면 아이는 "그냥"이라는 짧은 말만 던지고 화면을 닫아버린다는 것이다. 자녀가 이용하고 있는 미디어 화면을 들여다보려고 가까이 다가가면, 이미 화면은 초기화면으로 바뀌어 있었다. 부모는 자녀의 정직하지 않은 행위에 답답함을 하소연했다.

자녀가 부모에게 정직하기 힘든 이유 또한 다른 사례에서 찾을 수 있었다(학부모정보감시단, 2013b). 부모에게 인터넷 화면을 보여주면 공부에 직접 도움이 되느냐 아니냐로 구분하는 부모의 태도 때문에 부모한테서 심리적 불편을 경험한다는 것이다. 자녀들은 이러한 부적절한 상황을 피하려고 거짓말 또는 속임수를 사용하게 된다고 진술했다.

부모는 자녀의 미디어 이용에 대해 이중적 태도를 가진다. 게임, 스마트폰, 인터넷을 해도 걱정, 안 해도 걱정인 태도다. 부모로서는 미디어 이용의 필요성을 인정하고 싶지만, 자녀의 미디어 이용을 자연스럽게 인정해 주면 안 될 것 같은 사회적 분위기, 주변 사람들의 걱정에 자신도 걱정해야 할 것 같은 동조의식을 갖기 때문이었다. 어머니들에게 자녀 지도를 위해 무엇을 원하느냐고 물었더니 "공부보다 중요한 것은 인성이다. 공부만 잘한다고 성공하는 것은 아니다"라고 반응했다(학부모정보감시단, 2015c).

이 활동이 준 교훈은 미디어 이용은 선택적 일상이 아닌 필수적 일상을 만들고 있다는 사실이었다. 부모는 필수적 일상을 맞이하는 자녀에게 스스로 잘 대처하고 있다는 인정과 잘 대처하지 못한다고 보이는 이용에 대해 성급한 훈계가 아닌 제대로 된 훈계를 보내주고 싶다는 사실이다.

4. 조사활동 과정에서 밝혀진 문제점들

1) 가족 구성원 각자의 존재감 결여

가족 구성원은 누구든지 가치 있는 가정 내 구성원이다. 자녀 지도의 문제도 사회적 합의를 벗어나서 생각할 수는 없다. 즉, 아버지, 어머니, 조부모 등 모두는 자녀 지도의 책임을 함께 의식하고, 공동으로 책임을 담당해야 한다.

그럼에도 불구하고 예방교육 활동은 어머니로만 구성되고 어머니의 철학에만 의존하게 되어, 아버지와 다른 가족의 협력을 받기 어려울 수 있다.

특히 자녀 문제에 대해 다양한 대응 능력을 찾지 못하고, 편파적 대응을 보이기 쉽다. 결국 가족 구성원의 존재가 무시되기 쉽고, 이러한 가정에서 이루어지는 자녀 교육은 건전하게 실행되기 어렵다는 문제가 따른다.

2) 예방교육 내용에 대한 부모의 반응

앞서 진행된 예방교육 연구에서 나타난 부모의 반응은 문제의 중첩성과 다양한 발생 양상에서 볼 때 우려스럽다는 생각들이었다. 이러한 우려들을 낳는 여러 이유 중에서 유의미한 세 가지 원인을 정리해 본다.

하나는 지식 전달 위주로 이루어진 교육 내용이 자녀가 일상에서 부딪치는 미디어 역기능에 대한 대처 능력을 효과적으로 반영하지 못했다는 지적이었다. 인터넷 윤리 관련 학부모 교육에 참석했던 어머니들은 학부모 교육에서 배운 지식과 자녀가 알고 있는 지식 간의 간극을 걱정했다(학부모정보감시단, 2012, 2013c, 2014b). '자녀가 부모보다 훨씬 많이 알고 있는 것 같은데 어머니는 자녀의 미디어 이용 내역을 모른다'는 걱정도 지적 중 하나였다. 또한 자녀는 부모에게 자신이 어떤 콘텐츠를 이용하는지, 어떻게 선호하는 콘텐츠에 접속하는지 등을 알려주려고 하지 않는다는 것도 부모들의 소극적 반응의 내용이었다. 결국 이러한 문제들이 예방교육에 대한 학부모들의 호응을 약화되도록 만들었던 것이다.

다른 하나는 예방교육에서 폭력, 음란, 중독 등의 유해성에 덧붙여 심각의 의미를 부각시킨 사실이다. 부모들은 예방교육 활동이 학부모에게 심리적 충격을 줄 뿐, 자녀 지도에는 크게 도움이 되지 못했다는 평가를 했다(학부모정보감시단, 2012, 2013c, 2014b). 게임중독의 경우, 중독이라는 용어 자체가 주는 심리적 거부감이 컸다. 대부분 부모는 자녀의 게임 이용이 지나치다고 엄청난 걱정을 쏟아내지만, 정작 중독이라는 진단을 받으면 자녀가 학교생활을 마칠 때까지 중독 낙인이 꼬리표처럼 따라다닐 것을 우려했다 (학부모정보감시단, 2011a). 이 같은 '심각성' 부각 방식은 학부모에게 자녀 의 미디어 이용에 대해서도 변별적인 태도가 아닌 무조건적인 부정적 태도 를 갖게 만들었다. 미디어 환경의 속성인 낯선 정보나 낯선 기술까지 우려 와 염려라는 부적절한 마음가짐을 갖게 만들었다.

셋째로는 게임중독 예방교육에 참여한 학부모들이 미디어를 잘해도 걱 정, 안 해도 걱정이라는 이중적 태도를 보였다는 사실이다(학부모정보감시 단, 2011a, 2014b). 게임 이용 경험이 있는 부모는 '게임은 나쁘다'는 사회인 식에 대해 불편함을 가지고 있었고, 게임 이용 경험이 없는 부모보다 자녀 의 게임 이용에 대해 유연한 태도를 보여주었다. 부모의 게임 이용 여부와 상관없이 대부분 부모는 자녀가 게임을 하지 않으면 자녀의 사회성을 의심 하고, 또래로부터 왕따당하고 있는 것은 아닌지 걱정을 보였다. 더욱이 어 떤 어머니는 자녀가 게임을 안 해서 좋은데, 그렇다고 공부를 하는 것도 아 니므로 차라리 게임이라도 했으면 좋겠다는 태도를 보이기까지 했다.

3) 자녀 지도 요령에서 밝혀진 문제점 및 지향점

자녀 지도 기법은 부모가 자녀에게 적용하는 기법으로 중재 기법, 미디어 지식과 미디어 기술 제공, 자녀의 미디어 이용에 대한 태도 등을 내용으로 한다. 부모는 자녀의 미디어 기술 활용 능력에 대해 의심하는 경향을 보이 며 자녀와의 관계에서 심리적 위축감을 호소했다(학부모정보감시단, 2015c). 특히 우리 사회에서는 부모가 자녀의 미디어 이용 행위를 능력으로 인정하 는 태도를 확인할 수 없었는데, UCC 제작 활동 과정에서 보았을 때 자녀와 부모는 모두 상대의 능력에 대해 알고 있는 것이 없었으며, 각자 가진 능력에 대해서도 매우 소극적인 태도를 견지하고 있었다(학부모정보감시단, 2014b).

한편, 지난 10여 년간 학부모 교육에서 제시되었던 자녀 지도 기법의 내용들도 부모가 어떻게 자녀와의 대화를 이끌어가야 할지, 그 구체적인 대안을 보여주지 못하고 있었다. 폭력, 사기, 중독, 유해정보 등과 같은 주제로 시작하는 질문은 부모와 자녀 사이의 대화를 단절시키고 있었다. 부모의 질문이 '폭력을 본 적이 있느냐?', '음란물을 보았느냐?', '사기당한 적이 있느냐?', '게임을 오랫동안 하니 중독인지 확인해 보자' 등, 단답형이거나 지시적 행위의 확인 절차 수준에 머무르고 있었다. 자녀로부터 돌아오는 대답도 "아니요, 본 적 없어요"와 같은 짧은 반응뿐이었다. 부모는 자신이 알고 있는 범위 내에서 자녀에게 몇 마디의 말로 확인하는 절차만 거쳤을 뿐, 부모의 마음가짐을 제대로 전달하는 과정을 생략한 것이다. 자녀의 대답에서도 성실성이 결여되어 있음은 부정할 수 없었다.

또한 자녀 지도 과정에서 부모는 불편감을 호소했는데, 부모의 역량 부족이라는 마음가짐 때문이었다. 학부모 교육에서 배운 미디어 지식/기술이 자녀 지도의 효율성을 심어주기보다 대화에서 자녀와 비교되는 방식으로 사용되자, 부모는 자신의 위상을 확보하기 위해 자기방어적인 태도를 견지하게 되었던 것이다.

학부모 대상의 예방활동에서 얻은 교훈은 부모나 자녀 모두 진정한 대화를 갈망하고 있다는 것과, 자녀들이 스스로 잘하기 바라는 부모의 마음가짐을 자녀들이 이해해 주어야 한다는 것이었다. 이 교훈을 따르기 위해서 부모는 자녀의 거짓말이나 속임수를 사전에 막을 수 있도록 정직해야 하는 것이 중요하다. 또한 자녀의 인터넷 활용 능력을 지적 능력으로 받아들여야 하고, 자녀의 자발적인 역기능 대처 행위를 인정해야 한다. 부모는 자녀의 미디어 이용을 생각의 방식과 관련하여 중독이냐 끈기냐로 구분하는 자세를 가져야 한다(Kerlin, 1992).

부모와 자녀는 가치 있는 가족 구성원으로 존중받아야 한다. 부모는 자녀의 총체적 자아 체계(능력, 끈기, 정직, 능동적 행위)를 설계하는 대화를 시도해야 한다.

5. H·A·P·P·Y 대화법의 출발

1) 대화의 가치

좋은 대화는 문제 해결 능력을 높인다고 한다. 부모는 자신의 내면적 마음가짐을 반영하면서 자녀의 인터넷 활용 능력을 다각적인 측면에서 적극 반영한 대화를 시도해 보는 것이 바람직하다.

양질의 대화는 부모 자녀 간 상호 동등한 위치에서 정직, 능력, 능동성, 끈기를 찾는 대화인 것이다. 여기서는 이러한 목적을 달성하는 데 도움이 되는 다섯 가지 개념들이 의미하는 바를 서술해 본다.

2) 대화의 구성

정직

부모는 자녀에게 정직하게 물어야 한다. 자녀가 게임에 빠진 이유, 음란물을 보는 이유, 폭력에 관심을 가진 이유 등과, 자녀가 좋아하는 콘텐츠,

표 9-2 **H·A·P·P·Y 대화법의 기본 개념들**

H	A	P	P	Y
honest	able	proactive	perseverant	you
정직	능력	능동성	끈기	상호 존중

자녀가 싫어하는 콘텐츠 등에 대해 정직하게 물어보는 것이다. 자녀는 미디어 이용 과정에서 자신의 의도와 상관없이 우연하게 유해정보에 부딪친다. 묻고 답하는 대화에서 그 이유를 유연하게 확인하면서 부모는 자녀의 미디어 이용 동기를 탐색해야 할 것이다.

부모의 마음가짐이 어떠한지는 아이들의 목소리를 통해 자주 듣는다. 대다수 아이들이 자신의 방에서 컴퓨터를 하고 있는데 어머니나 아버지가 "뭐해?"라고 묻는 말이 마치 의심하는 것같이 느껴져 싫다는 것이다. 그때 아이들은 부모 앞에서 화면을 내리거나 닫아버린다. 그냥 "아무것도 아니야"라고 말해버리거나 또는 "숙제 했어"라고 거짓말을 해버린다(학부모정보감시단, 2013b).

자녀의 정직하지 못한 행동은 부모의 비이성적 훈계가 자극이 되어 나오기도 한다. 예를 들어, "플러그를 뽑아버린다", "용돈 없어", "스마트폰 안 사준다", "100대 맞을 거야", 끊임없는 "그만해", "그만두지 않으면 용돈 안 준다" 등등, 부모는 결행하지 못할 무책임한 훈계를 수없이 쏟아낸다. 이러한 훈계에 아이는 부모가 자포자기할 때까지 무덤덤하게 기다린다. 부모는 자녀의 이러한 반응을 지능적이라고 치부해 버리지만, 사실은 부모의 정직하지 않은 훈계 탓이다.

자녀에게 정직을 요구하려면 부모는 모범을 보여야 한다. 가족규칙 지키기 활동에서 가족규칙 지키기 문항에 응답한 아이들 대부분은 "엄마와 아빠는 지키지 않으면서 우리들한테만 지키라고 한다"라고 불평했다(학부모정보감시단, 2013b, 2014b).

능력

능력은 사전적 정의에 따르면 지능 이외에 기술, 재능을 포함한다. 미디어 이용 과정에서 자녀는 자신이 원하는 활동을 찾아다닌다. 자녀의 탐색 행위는 자녀의 지적 능력을 보여주는 신호로, 기술 대응 능력과 정보 활용 능력으로 구분된다. 검색엔진 이용으로 자녀는 자신의 현재 능력을 시험해 보기도 한다. 이와 같은 내용을 부모들이 이해하는 경우, 비로소 부모들은 자녀의 능력 범위와 수준을 알게 된다.

현장에서 확인한 사례도 있다. 학정감이 만난 초등학교 1학년 여자아이는 스마트폰을 가지고 '뭐가 좋아' 앱을 열고는 자신이 좋아하는 활동인 '점이어그리기 활동', '숫자 세기 활동'을 찾아냈다. 다른 활동으로 음악 활동에서 아이는 피아노 건반을 찾아 연습했다. 이처럼 1학년에 불과한 어린아이는 스스로 자신의 능력을 찾아내고 있었다(학부모정보감시단, 2015a).

학업 성취가 낮으면 인터넷 활용 능력도 낮을 것이라는 그릇된 인식을 바로잡는 것도 관심이 필요한 과제다. '가족 동영상 만들기' 제작 활동에서, 학업에 관심이 없고 그저 무능력한 손주를 두었다고 믿고 있던 한 할머니는 손주의 앱 설치 및 앱 작동 등 현란한 인터넷 활용 기술에 감탄했다. 더욱이 놀라웠던 일은 할머니를 감동시킨 손주가 떨리는 목소리로 할머니가 좋아하는 반응에 자부심을 느낀다고 대답했던 사실이다(학부모정보감시단, 2014b). 인터넷 활용 기술로 할머니는 손주가 가진 능력을 확인했고, 긍정적 평가를 받은 아이는 능력을 자부심으로 바꿀 수 있었던 것이다.

부모의 자녀 지도 역할의 초점은 자녀의 능력을 확장시키는 데 있다. 자녀가 '지그재그', '무신사' 등의 앱에 들어가 패션, 잡화 등에 접속하며 시간을 보내고 있다면 1차적으로 부모는 실망감을 표출하게 될 것이다. 그러나 이 경우 자녀를 외모 지상주의나 소비행동 면으로만 보아서는 안 된다. 이런 경우, 의상디자이너, 또는 유통업을 넘어 메타버스의 옷을 코딩하는 직업을 선택할지도 모른다는 기대를 자녀에게 표현하는 것을 제안한다. 이것이 자녀의 능력을 키워주는 길이 될 수 있기 때문이다.

능동성

미디어 역기능 대처 학부모 활동에서, 학정감은 부모에게 자녀의 능동적 행동을 살펴보는 일에 적극적인 태도를 가지도록 안내하지 않았다. 2017년 학정감 운영 청소년동아리 모임 회원인 남자 중학생의 사례에서 확인한 바에 따르면, 해당 남학생은 콘텐츠 이용 과정에서 스마트폰 화면에 수시로 등장했다가 사라지는 유해 광고와 게임방송 이용자 간 비방 및 욕설 등을 매우 비판적으로 지적하고 있었다. 그는 "더럽다, 지저분하다", "안 보고 싶다", "걱정이다", "신경질 난다"라는 단호한 어휘로 반응을 보였다. 아이는 자신의 능동적 대처 행동을 자신 있게 표현하면서 기술 환경에서 생성하는 유해한 토막광고나 중간광고를 없앨 수 없느냐고 어른에게 물었다.

또 다른 사례에서도 초등 6학년 여학생은 보호앱, 여가앱, 학업앱 등을 소개하면서 "어른들은 아이들이 얼마나 스스로 대처하고 스스로 탐색하는지를 몰라요"라며 탄식했다(학부모정보감시단, 2016). 아이의 능동적 행동은 칭찬거리이자 자기주도적 행위의 시발점이다. 부모는 우려의 태도로 감독하는 것이 아니라 능동성을 확인하는 태도로 전환해야 할 필요가 있는 것이다.

끈기

누구나 게임을 연상하라고 하면, 우리 자녀들이 학업을 팽개치고 밤새도록 게임에만 매달리는 모습을 그리며 게임 이용과 학업 성취를 관련짓는다. 그런데 현장에서 만난 사례들을 보면, 이 둘의 관련성은 매우 희박한 듯했다(학부모정보감시단, 2011a, 2014b, 2015c). 게임에 빠져 있는 아이들 대부분은 게임을 자신의 우울한 현실(학업에 대한 흥미가 낮고 가정환경에 불만이 있는 등)을 잊게 해주는 심리 치료제처럼 받아들이고 있었다.

실제 현실에서는 인터넷 과다 사용이 가족위기 요인 및 양육 요인과 관련이 있다고 한다(성희자, 2011). 가족 관계에서 부모가 자녀에게 무관심하거나 대화가 없을 때, 그리고 불편한 관계일수록 자녀들은 인터넷에 몰입하는 경향이 있다고 한다. 이들은 학업 부진이나 학업에 대한 흥미 상실 때문에 게임을 하는 것이 아니었다. 오히려 이들은 가정불화나 가정에 대한 애착 부족 등의 현실도피 유형이 일반적이며, 이런 이유로 이들은 상담과 멘토가 필요한 대상으로 이해되어야 한다.

현실도피 유형과 달리 감각추구 유형의 아이들은 도전적이고 낯선 정보와 낯선 자극을 선호하는 성격이다. 오랜 시간 게임에 참여하기도 하고, 친구들과의 교류를 활발히 이용한다. 이런 유형의 아이들은 자신이 게임을 오랫동안 한다는 사실을 잘 알고 있다. 그래서 이런 자녀들의 감각추구 성향을 끈기로 연결시키는 데 부모의 노력이 필요하다(김봉섭, 2013). 부모는 미디어 이용에서 경험하는 낯선 정보와 낯선 자극을 자녀들이 미래 설계 과정에 분산/연계시켜 보도록 조언해 줄 수 있을 것이다.

다른 한편으로, 오랜 시간 게임에 몰입하는 행위를 병적인 중독이라고만 보아서는 안 되는 사례가 있다. 사례가 된 중학교 3학년 여학생의 경우, 현실 생활에서 제공된 '게임 조심' 조언에는 귀를 기울이지 않고, 게임에 빠져 살면서 공부를 외면했다. 그러나 이 학생은 온라인 게임에서 만난 이웃 어른들의 조언에는 귀를 기울이는 긍정적 자세를 보였는데, 온라인상의 낯선 어른들이 고등학교 진학을 해야만 사회에 나갈 수 있다고 한 조언에 따라, 당시 고등학교 진학을 향해 열심히 노력하고 있었다(학부모정보감시단, 2014a).

상호 존중

가족 구성원은 상호 존중하는 태도로 대화에 임하며 각자의 존재감을 인식해 주는 사람들이다. 가족 관계가 원만히 유지되려면 자녀가 부모에게 존중받고, 부모도 자녀에게 존중받는 분위기를 만들어야 한다(학부모정보감시단, 2013a, 2015c, 2017).

가족 관계에서 상호 존중이 이루어지지 못한 사례를 찾아본다면, 컴퓨터 부품 수리업을 하는 아버지가 있었다(학부모정보감시단, 2013a). 아버지는 아들의 일상(낮은 학업 성취, 인터넷 이용의 적극성)을 검토해 본 결과, 아들의 진로로 컴퓨터 기술을 배우는 것이 좋은 선택이겠다는 생각을 했다. 이에 아들에게 그의 생각을 조언해 주었는데, 아들은 아버지의 조언을 거절했다.

이 경우 아들과 아버지 사이에 상호 존중이 충분히 이루어지는 경우였다면 좋은 조언이었겠으나, 아버지의 조언을 교과교육과는 무관한 것으로 받아들인 아들의 태도는 아버지에 대한 존중감이 부족하여 나타난 선택이었다. 결국 가족 구성원들이란 삶에서 오는 경험 이야기들을 서로 나누기 용이한 관계이지만, 상호 존중감이 없는 상황에서는 그렇지 못했다.

6. 나가면서

대화는 단순한 말하기가 아니다. 비고츠키(Vygotsky, 1978)는 저서 『마인드 인 소사이어티(Mind in Society)』에서 아동의 사고 발달에 성인 협력자와의 대화를 강조했다. 대화는 생각을 끌어내어 학습과 어우러지도록 만드는 기능을 한다. 그만큼 대화는 자녀의 지적·정서적 성장에 중요한 촉진제인 것이다.

부모보다 더 친절한 AI 존재가 자녀들 옆에 자리를 비집고 들어온다고 미디어 전문가들은 예고했다. 미디어를 대화 회피 도구가 아닌 삶의 활력 도구로 사용하려면 부모는 정직, 능력, 끈기, 능동성을 담은 H·A·P·P·Y 대화법으로 무장해야 한다. 그러면 그곳에 아리스토텔레스가 언급한, 인간이 추구하는 최고의 선인 행복(happiness)이 선물로 다가와 있을 것이다.

참고문헌

고재욱. 2013. 「청소년의 스마트폰중독이 사회성에 미치는 영향에 관한 연구: 대인관계·자신감·또래 사교성을 중심으로」. ≪대동철학≫, 63, 1~32쪽.

김봉섭. 2013. 「윤리적 관점에서의 인터넷 중독에 대한 시론적 연구」. ≪한국 컴퓨터교육학회 논문지≫, 16(6), 1~10쪽.

성희자. 2011. 「가족위기요인이 인터넷 과다사용을 매개로 청소년의 정신건강에 미치는 영향」. ≪사회과학연구≫, 28(1), 1~20쪽.

여현철. 2012. 「인터넷 필터링 SW 보급 및 학년별 해당 학부모 이용 실태 연구」. ≪미디어와 교육≫, 2(1), 95~122쪽.

오세현·신지혜. 2021. 「초등학교 고학년 아동의 사이버 폭력 피해 경험이 사이버 폭력 가해 경험에 미치는 영향: 자기통제력의 매개효과와 부모애착의 조절효과」. ≪청소년문화포럼≫, 68, 6~31쪽.

이재운·김성식. 2007. 「인터넷 유해정보에 대한 초등학생 실태 및 교육적 보호방안 연구」. ≪한국정보교육학회≫, 11(3), 329~337쪽.

정현선·조병영·권은선·김광희. 2021. 『청소년 미디어 이용 실태 및 대상별 정책대응방안 연구 II: 10대 청소년―청소년 미디어 교육 지원을 위한 부모 참여 중심 소셜리빙랩 운영 방안』. 세종: 한국청소년정책연구원.

≪중앙일보≫. 2013.7.30. "요즘 아이들, 야동 보고 싶을 땐 'N드라이브'가 창고".

학부모정보감시단. 2007. 「청소년 주이용 온라인게임의 이용실태 설문조사 자료집」.

_____. 2009. 「우리 아이 네모 밖으로 날다!: 휴일 학부모교육 자료집」.

_____. 2010a. 「디지털 자녀를 키우는 어머니 파워메이킹 자료집」.

_____. 2010b. 「청소년 스스로 지킴이 YP 부모교육자료집」.

_____. 2011a. 「게임문화조성 우수사례집」.

_____. 2011b. 「자녀의 게임 이용과 학부모 자료집」.

_____. 2012. 「부모 자녀 함께 사이버 폭력 다운, 유쾌한 인터넷 업 자료집」.

_____. 2013a. 「인터넷 윤리로, 忍터넷 down, 仁터넷 up」.

_____. 2013b. 「친구와 함께하는 인터넷 커뮤니티」.

_____. 2013c. 「학교폭력 예방코칭: 학부모자료집」.

_____. 2014a. 「글로벌리더십캠프 활동 사례집」.

_____. 2014b. 「부모자녀 함께 만드는 스마트가족」.

_____. 2015a. 「다문화, 다함께 행복하기(다·다행 프로젝트)」.

_____. 2015b. 「스마트쉼운동본부 캠페인」.

_____. 2015c. 「시인가네 프로젝트 자료집」.

_____. 2016. 「내가 사용하는 앱 소감문 대회」.

_____. 2017. 「부모교육 자료집」.

행정안전부. 2012. 「청소년의 성인물 이용 실태조사」 자료집.

Bowlby, J. and J. Holmes. 2005. *A Secure Base*. London: Routledge.

Kerlin, B.A. 1992. "Cognitive engagement style, self-regulated learning and cooperative learning." p.1~19. http://Kerlins.net/bobbi/research/myresearch/srl.html (검색일: 2022.8.14).

Seay, A.F. and R.E. Kraut. 2007. "Project massive: self regulation and problematic use of online gaming." ≪CHI 2007 Proceedings? Games≫, pp.829~838.

Vygotsky, L.S. 1978. *Mind in Society*(Revised ed.). Cambridge: Harvard University Press.

찾아보기

지은이 소개 (수록순)

이숙정

중앙대학교 미디어커뮤니케이션학부 교수다. 텍사스주립대학교에서 커뮤니케이션학으로 석사·박사 학위를 받았다. 주요 연구 분야는 미디어 이용과 사회적 영향, 어린이 미디어 연구, 미디어 리터러시, 뉴스와 시민 참여 등이다. 『미디어 교육 선언』(2019, 공역), 『디지털 미디어 리터러시: 미디어에 대한 올바른 이해와 활용』(2018, 공저) 등을 저술 및 번역했다. 한국언론진흥재단 「2019 청소년 미디어 이용 조사」, 「2019 어린이 미디어 이용 조사방법」, 「2020 어린이 미디어 이용 조사」의 공동연구원 및 책임연구원으로 참여했다.

김창숙

이화여자대학교 커뮤니케이션미디어연구소 SSK연구교수로, '어린이 미디어 품질 지수 개발과 적용'에 대해 연구 중이다. 이화여자대학교에서 언론학으로 석사·박사 학위를 받았다. 주요 관심 분야는 어린이 미디어 이용 조절, 어린이 영상 미디어 품질, 저널리즘이다. 어린이 미디어 분야와 관련해 어린이 동영상 콘텐츠 장르 분류, 어린이 영상 미디어 이용 조절에 영향을 미치는 부모 요인, 유아의 영상 미디어 이용 환경에 따른 이용 조절 행동 차이 등의 논문을 학술대회에서 발표했다. 『한국의 정치 보도』(2022, 공저), 『버릴 관행 지킬 원칙: 취재 보도 바로 세우기』(2021, 공저) 등을 저술했다.

이창호

한국청소년정책연구원 선임연구위원이다. 텍사스주립대학교에서 언론학 박사 학위를 받았다. 주요 관심 분야는 청소년 미디어 이용과 참여, 미디어 리터러시, 시민교육이다. 『청소년, 참여의 새 시대를 열다: 두발규제 반대운동부터 10대 청소년 시민 탄생까지』(2022, 공저), 『인공지능, 디지털 플랫폼 시대 미디어 리터러시 이해』(2021, 공저), 『유튜브의 이해와 활용』(2021, 공저), 『청소년을 위한 매체 이야기: 유튜브, SNS, 게임, 영화 등 Z세대의 미디어 길라잡이』(2020, 공저), 『팟캐스트 저널리즘』(2020, 공저) 등 다수의 책을 저술했다.

김지연

㈜도서출판 지금의 대표이사다. 중앙대학교에서 언론학 박사 학위를 받았다. 제34대 한국방송학회 미디어리터러시교육 연구회장을 맡고 있다. 주요 관심 분야는 미디어 리터러시 교육, 장애인 미디어 교육, 질적 연구다. 『4차 산업혁명 시대의 미디어 리터러시 교육』(2018, 공저), 「'차이와 다양성' 인정하는 미래형 인재 교육 추구해야: '2022 개정 교육과정'과 소수자 대상 미디어교육 방향」(2022), 「미디어 리터러시 교육과정 운영을 통한 시민역량 제고 방안 연구」(2019, 공동연구), 「미디어 소수자(미디어약자)를 위한 미디어교육 프로그램 개발방향 연구」(2018, 공동연구) 등 다수의 책과 연구보고서를 저술했다.

이장주

이락디지털문화연구소 소장이다. 중앙대학교에서 심리학 박사 학위를 받았다. 주요 관심 분야는 게임과 이스포츠, 문화심리학이다. 현재 게임문화재단 이사, 게임정책자율기구 이사 등 게임 관련 단체에서 활동하고 있다. 중앙대학교와 명지대학교 그리고 서울디지털대학교 비전임교수를 역임했다. 『게임세대 내 아이와 소통하는 법』(2021), 『게임은 훌륭하다: 17가지 시선으로 읽는 게임의 오해와 진실』(2021, 공저), 『퇴근길 인문학 수업: 관계』(2019, 공저), 『십 대를 위한 미래과학 콘서트: 인공지능 시대에 우리가 꼭 알아야 할 교양』(2018, 공저) 등 다수의 책을 저술했다.

봉미선

한국교육방송공사 정책연구위원이다. 성균관대학교에서 언론학 석사와 박사 학위를 받았다. 주요 관심 분야는 공영방송, 공공서비스 미디어, 미디어 리터러시, 보편적 시청권 및 미디어 정책 분야다. 『인공지능, 디지털 플랫폼 시대 미디어 리터러시 이해』(2021, 공저), 『세계 공영방송과 디지털 혁신』(2021, 공저), 『유튜브의 이해와 활용』(2021, 공저), 『청소년을 위한 매체 이야기: 유튜브, SNS, 게임, 영화 등 Z세대의 미디어 길라잡이』(2020, 공저) 등 다수의 책을 저술했다.

김봉섭

한국지능정보사회진흥원 연구위원이다. 경희대학교에서 언론학 박사 학위를 받았다. 저서로는 『사이버불링 10가지 이론』(2022), 『인공지능, 디지털 플랫폼 시대 미디어 리터러시 이해』(2021, 공저), 『청소년을 위한 매체 이야기: 유튜브, SNS, 게임, 영화 등 Z세대의 미디어 길라잡이』(2020, 공저), 『디지털 디바이드』(2016) 등이 있다. 논문은 「부모통제·학교관여·교우관계가 청소년 사이버폭력 가해 경험에 미치는 영향 연구: 사이버폭력에 대한 태도의 매개효과」(2022), 「노년층의 성취자본이 디지털자본 획득에 미치는

영향 연구: 디지털 기기 이용 태도와의 관계를 중심으로」(2022, 공동연구) 등 다수가 있다. 정보통신기술의 발달에 따른 이용자의 인식과 태도 변화 등을 탐구하는 것이 주된 관심사다.

고영삼

동명대학교 교수로 재직 중이다. 부산대학교에서 정보사회학으로 박사 학위를 받았다. 한국정보화진흥원에 재직하면서 스마트쉼센터 설립, 상담사 양성, 상담치유 프로그램 개발 등 한동안 우리나라 인터넷·스마트폰 과의존 정책을 주도했다. (재)부산인재평생교육진흥원장으로 재직하며 부산 지역 평생교육 진흥사업도 추진했다. 『게임은 훌륭하다: 17가지 시선으로 읽는 게임의 오해와 진실』(2021, 공저), 『인터넷 중독의 특성과 쟁점』(2015, 공저), 『인터넷에 빼앗긴 아이: 인터넷중독, 해답은 가정에 있다』(2012), 『디지털 다이어트』(2011, 공역) 등 다수의 책을 저술 및 번역했고, 고교 국어 교과서에도 스마트폰 과의존 관련 에세이가 수록되어 있다.

이경화

(사)학부모정보감시단 이사장이다. 청소년, 학부모, 어르신 대상 미디어 리터러시 활동을 전개하고 있다. 서던캘리포니아대학교 교육대학원에서 석사(통합교육), 박사(교육심리) 학위를 받았다. 사이버 성폭력, 청소년 온라인 행동, 미디어 이용 규제 등에 대한 논문을 학술지에 발표했고, '인터넷개인방송 출연 아동·청소년 보호지침'(2020) 등의 연구 활동을 했다. 주요 관심사는 청소년 심리, 학부모 자녀지도, 미디어 대처 행동, 글로벌 학부모 연계, 미디어 유해정보 모니터링 등이다. 『다문화교육: 이론과 실제』(2012, 공역), 『현명한 부모의 자녀키우기: 5가지 기술』(2003) 등 다수의 책을 저술 및 번역했다.

한울아카데미 2406

부모 미디어 리터러시
이론과 실천

ⓒ 이창호 외, 2022

지은이 | 이숙정·김창숙·이창호·김지연·이장주·봉미선·김봉섭·고영삼·이경화
펴낸이 | 김종수
펴낸곳 | 한울엠플러스(주)
편집 | 이진경

초판 1쇄 인쇄 | 2022년 11월 21일
초판 1쇄 발행 | 2022년 11월 30일

주소 | 10881 경기도 파주시 광인사길 153 한울시소빌딩 3층
전화 | 031-955-0655
팩스 | 031-955-0656
홈페이지 | www.hanulmplus.kr
등록번호 | 제406-2015-000143호

Printed in Korea.
ISBN 978-89-460-7406-4 93300(양장)
       978-89-460-8225-0 93300(무선)

※ 책값은 겉표지에 표시되어 있습니다.
※ 무선제본 책을 교재로 사용하시려면 본사로 연락해 주시기 바랍니다.